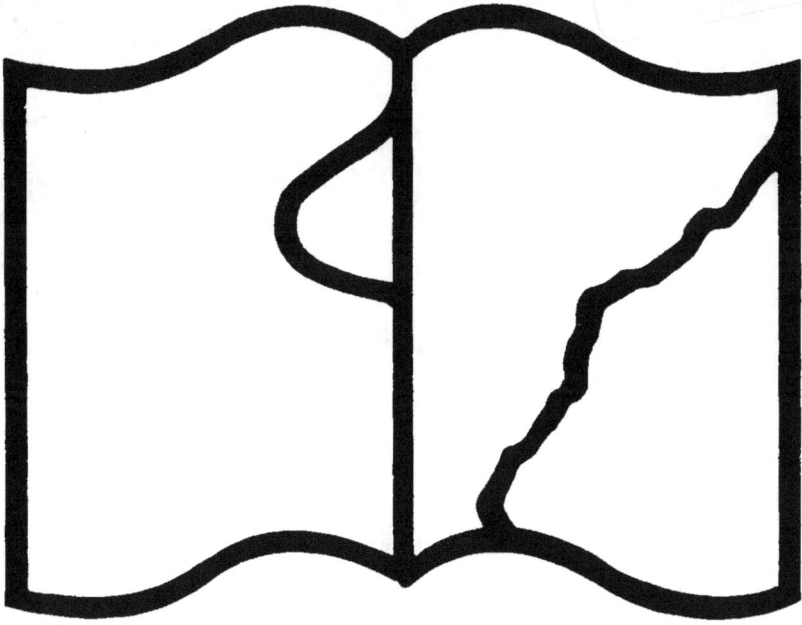

Texte détérioré — reliure défectueuse

NF Z 43-120-11

Maison du Concours

Jacob

VICTOR BENOIST ET Cⁱᵉ. — ÉDITION ILLUSTRÉE — RUE GIT-LE-CŒUR, 10.

Vous connaissez, ou vous avez connu, sans nul doute, ma famille? (P. 3.)

LE

DIAMANT DU COMMANDEUR

PAR

PONSON DU TERRAIL

PROLOGUE.

I

Un soir d'hiver de l'année mil sept cent quatre-vingt-sept, un cavalier d'environ cinquante-cinq ans entra dans Paris par la porte Bourdeille et se dirigea vers le Palais-Royal, qui était alors, comme aujourd'hui, le centre de la capitale, et dont les environs constituaient le quartier le plus populeux. Ce cavalier était, à coup sûr, un gentilhomme, mais il était vêtu assez piètrement, montait un mauvais cheval et était suivi d'un laquais aussi mal monté et aussi mal accoutré que lui. Il avait fait une longue route, à en juger par la poussière qui couvrait ses vêtements, et son cheval marchait lentement, comme s'il eût plié sous le faix.

Cependant le cavalier était plutôt maigre que gras, et un observateur attentif eût remarqué peut-être que la répugnance que le roussin du gentilhomme et le courtaud de son laquais semblaient avoir pour une allure rapide, tenait évidemment à la pesanteur de deux énormes valises placées à l'arçon de la selle, et qui paraissaient emplies d'un métal fort lourd, or ou plomb.

Seulement, il était difficile de supposer que des gens en si piètre équipage portassent de l'or en croupe, ni plus ni moins que des fermiers des gabelles, — et la foule assez indifférente qui encombrait les rues et saluait d'un air moqueur le pauvre gentilhomme, aima mieux croire sans doute qu'il enfourchait une rosse épuisée et n'ayant plus le courage de gagner l'écurie.

C'était cependant un beau vieillard fort noble d'aspect et vert comme un jeune homme. Il avait fière mine sur son roussin, — à peine ses cheveux grisonnaient-ils, tandis que sa moustache était encore noire, — et son visage était aussi bronzé que celui d'un Espagnol ou d'un Napolitain.

A la façon dont il se tenait en selle et posait le poing sur la hanche, à deux pouces de la coquille de sa longue épée, on reconnaissait sur-le-champ un militaire, un officier blanchi sous le harnois, un de ces vaillants cadets de famille qui partaient sans sou ni maille de leur gentilhommière et y revenaient un beau jour, sur leur retour d'âge, avec le bâton de maréchal de France, comme Gassion ou d'Artagnan.

Le laquais résumait pareillement un type qui n'était dépourvu ni d'originalité, ni de mérite. Il avait vingt ans de moins que son maître, il était court de taille, rougeaud comme un cabaretier bourguignon, et son visage en demi-lune était orné d'une épaisse et longue chevelure blonde du plus singulier effet. On eût dit un homme du Nord cuivré au soleil du Midi.

Son large abdomen s'épanouissait dans la selle et y remplissait les arçons. Enfin, une immense rapière longue de quatre pieds rebondissait sur les flancs de son roussin et donnait au cavalier une tournure martialement grotesque.

Ce valet se nommait Pandrille Bourdin, et il était d'origine morvandelle comme son maître le commandeur de Montmorin, cadet de famille et chevalier de Malte.

Le maître et le valet, après avoir longé la rue Saint-Honoré, entrèrent dans celle des Bons-Enfants, et s'arrêtèrent devant la branche de houx desséchée d'une hôtellerie d'honnête apparence qui portait pour enseigne cette phrase merveilleuse : « Au Meilleur crû de Bourgogne. Isidore Bourdin, la fleur des hôteliers, loge les gentilshommes et les manants. »

— Holà ! hé ! l'oncle Bourdin ? cria le laquais du commandeur en mettant pied à terre.

Un homme accourut sur le seuil de l'hôtellerie et regarda d'un air étonné et fort indécis maître Pandrille qui l'avait salué du titre d'oncle.

Cet homme était un maigre et long personnage de quarante-cinq à cinquante ans, pâle et blême, à l'encontre de la plupart des hôteliers, et qui avait une certaine répugnance à voir des gens d'épée, bien qu'il eût la prétention exagérée de loger et d'héberger des gentilshommes.

L'oncle Bourdin était un fieffé poltron qui tremblait de tous ses membres à la détonation d'un coup de pistolet, et se fût évanoui tout net s'il eût vu deux hommes croiser le fer.

— Qui diable m'appelle mon oncle ? demanda-t-il en se montrant légèrement ému sur le seuil de sa porte.

— Hé ! moi, pardieu, répondit Pandrille.

— Qui, vous ? je ne vous connais pas.

— Bon ! regardez moi bien, mon oncle : ce n'est pas une raison parce que j'ai passé dix ans au service de l'ordre en qualité de cuisinier et de valet de chambre de M. le commandeur, pour que vous ne reconnaissiez plus votre neveu Pandrille Bourdin, le propre fils de votre frère Athanase Bourdin.

— Tu es Pandrille, toi ? exclama l'hôtelier.

— En chair et en os, mon oncle, et voilà M. le chevalier de Montmorin, mon illustre maître, qui vous fait l'honneur de descendre chez vous.

L'oncle Bourdin demeura ébloui à ce titre sonore de Commandeur ; et bien que les vêtements du gentilhomme fussent quelque peu râpés, il se trouva fort honoré d'avoir à héberger un si noble personnage.

Aussi, après avoir embrassé son neveu, qu'il n'avait pas vu depuis douze ou quinze ans, s'empressa-t-il de faire au chevalier cet accueil affectueux et empressé que l'intérêt dicte toujours à un aubergiste bien entendu.

— Comme te voilà beau garçon et de belle mine, Pandrille, mon neveu ! murmurait-il en aidant le laquais à débrider les chevaux qu'il avait conduits à l'écurie, laissant M. le commandeur aux mains de Louise, une bonne grosse servante morvandelle que l'oncle Bourdin avait installée chez lui comme femme de charge, et qui introduisit le noble visiteur dans la plus belle chambre de l'auberge ; — comme te voilà galamment tourné et vêtu ! on dirait un vrai seigneur.

— Peuh ! mon oncle, répondit humblement Pandrille, nous ne sommes pas riches, mon maître et moi ; et au service de l'ordre de Malte, on attrape plus de coups d'épée...

L'oncle Bourdin frissonna à ces mots, et leva sur son neveu ce regard envieux et admiratif à la fois des gens qui reconnaissent chez les autres une vertu dont ils sont incapables.

— Tu es donc courageux, toi ? s'écria-t-il émerveillé.

— Comme un lion, mon oncle.

— C'est drôle, pensa naïvement l'hôtelier, c'est pourtant le propre fils de mon frère, lequel est bien aussi poltron que moi.

Et de plus en plus ravi de cette exception de courage dans sa famille, l'oncle Bourdin poursuivit :

— Mais comment diable es-tu devenu homme d'épée, après avoir commencé par être marmiton ?

— Ah ! voilà, c'est toute une histoire que je vais vous conter en deux mots :

« Vous vous souvenez qu'il y a quinze ans environ, narra Pandrille, tout en bouchonnant les chevaux, vous me fîtes venir du pays et m'installâtes chez vous comme laveur de vaisselle ?

— Pardieu ! si je m'en souviens, et tu étais joliment paresseux, drôle !

— Que voulez-vous ? je n'avais aucun goût pour la cuisine. Vous me battiez et, sous prétexte que j'étais votre neveu, je buvais de l'eau en tout temps et n'avais pas un rouge liard dans ma poche.

— Ah ! mon neveu, interrompit philosophiquement l'oncle Bourdin, l'économie est la seule vertu du pauvre. J'ai voulu te rendre vertueux.

— Merci ! Toujours est-il que je m'esquivai un beau jour. Un sergent recruteur m'offrit un pot de vin, un soir, et m'enrôla pour dix pistoles. J'étais trop petit pour faire un cavalier, je n'aimais pas à marcher. Au bout de six mois, et comme nous étions en garnison dans un port de mer, je désertai et m'engageai comme cuisinier à bord d'un navire hollandais.

Le navire allait en Italie. En route, il fut capturé par des pirates turcs qui voulurent me pendre...

Au mot de pendaison, l'oncle Bourdin poussa un cri d'effroi.

— Oui, mon oncle, ils voulurent me pendre. Mais le capitaine apprit que j'étais cuisinier ; et comme il n'en avait pas à bord, j'eus la vie sauve à la condition de préparer des sauces et des ragoûts aux mécréants, comme j'en avais jusque-là confectionné pour les chrétiens.

« Huit jours après, les pirates turcs furent capturés par une galère de Malte. La galère avait précisément pour commandeur M. de Montmorin. J'entendis prononcer son nom, juste au moment où, pour la deuxième fois, j'étais en train d'être pendu.

— Encore ! exclama l'oncle Bourdin, à qui ce récit donnait la chair de poule.

— C'était tout simple, répondit tranquillement Pandrille. Les Turcs avaient voulu me pendre comme chrétien, les chrétiens me voulaient pendre comme mécréant. Le nom de Montmorin me sauva. Je me souvins qu'il y avait en Morvan, au bord du Cousin (1), à six lieues de notre village, un château qui portait ce nom, à tout hasard je demandai en bon français à parler au commandeur, à qui je contai mon histoire.

« — Palsambleu ! me dit-il, il ne sera pas dit qu'un pauvre diable de Bourguignon aura été pendu à bord d'un navire commandé par un Morvandiau. Que sais-tu faire ?

« — Brûler un rôti et gâter une sauce, répondis-je avec modestie.

« — Alors, dit le commandeur, je te prends pour valet de chambre.

« Et voilà comment, mon cher oncle, de marmiton je suis devenu cuisinier, de cuisinier laquais, et de laquais homme d'épée, car, au service d'un chevalier de Malte, on se bat à peu près tous les jours. »

Tandis que Pandrille achevait, l'oncle Bourdin avait mis la main sur les courroies des arçons et s'apprêtait à délier les valises.

— Chut ! mon oncle, dit le valet, ne touchez pas à cela.

— Hein ? fit l'oncle Bourdin, qui déjà avait senti la pesanteur des valises.

— Ceci, dit mystérieusement Pandrille, est comme la hache du bourreau. On regarde, mais on ne touche pas.

— Tout beau ! mon neveu, serait-ce de l'or ?

— Non, c'est du plomb. En fait d'or, mon maître en a fort peu, et il est probable que la dépense qu'il fera chez vous sera payée par ses frères, le comte de Maltevert et le baron de Villenur.

— Du plomb ! murmura l'oncle Bourdin peu convaincu. Quelle drôle d'idée de porter du plomb en croupe !

— Ce sont des balles capturées sur les Turcs, et que le commandeur a rapportées comme souvenir de ses campagnes.

Et Pandrille, qui était un vigoureux garçon, chargea les deux valises sur ses épaules et les porta dans l'hôtellerie, à la chambre où, déjà, le commandeur était installé devant un large feu allumé par la Morvandelle.

En jetant un coup d'œil plus investigateur sur le commandeur, l'oncle Bourdin, qui avait suivi son neveu, s'avoua que les habits du gentilhomme étaient bien fripés pour que ses valises fussent ainsi remplies d'or, et il ne se trouva plus aussi éloigné de croire la singulière et bouffonne version de Pandrille.

— Mon ami, lui dit le commandeur, vous êtes Bourguignon ?

— Oui, monsieur le chevalier.

(1) Petite rivière de Bourgogne.

— Vous connaissez, ou vous avez connu, sans nul doute, ma famille ?

L'oncle Bourdin s'inclina.

— Il y a trente années que j'ai quitté la France, poursuivit le commandeur, et je ne sais au juste ce que sont devenus mes frères aînés, le comte de Maltevert et le baron de Villemur.

— Oh! répondit l'hôtelier, ce sont de grands seigneurs, monsieur.

— Ils sont bien heureux, soupira le commandeur, car moi je suis aussi pauvre cadet de famille au retour qu'au départ.

— M. de Maltevert, poursuivit l'oncle Bourdin, est capitaine aux mousquetaires du roi.

— Ah! oh!

— Et il a, dit-on, trente mille livres de revenu, sans compter ses pensions.

— Il est de fait, murmura le commandeur, que Maltevert, en sa qualité d'aîné, a eu la terre de Bully, le manoir de Montreuil et la baronnie d'Arcy. Tout cela doit bien rapporter trente mille livres, bon an mal an. Est-il marié?

— Oui, monsieur, et il a deux fils de huit à dix ans.

— Et Villemur, qui était destiné à entrer dans les ordres, est-il évêque?

— Non pas, répondit l'hôtelier, M. le baron a épousé une héritière, et il est plus riche encore que le comte.

— Diable!

— Il a une charmante petite fille de cinq ans qu'on nomme Camille; or, il est mestre de camp des armées du roi.

— Mais c'est superbe! exclama naïvement le commandeur, et je vois que mes frères seront en belle position pour héberger convenablement la vieillesse de leur cadet, qui revient, après trente années de guerre, sans autre patrimoine que sa bicoque de Montmorin.

L'oncle Bourdin, qui était un sceptique à l'endroit des bons sentiments de l'humanité, réprima à grand'peine un sourire incrédule en voyant le vieux chevalier de Malte se bercer de naïves espérances.

— Il doit être bien délabré, mon pauvre manoir de Montmorin, soupira le chevalier.

— Ah! dame! monsieur, la dernière fois que je suis allé en Bourgogne, j'ai passé tout auprès, et il m'a fait cet effet-là. Je crois qu'il n'y a pas un seul appartement logeable.

— Peuh! mes frères me le restaureront...

Et le chevalier se tourna vers Pandrille:

— Drôle, lui dit-il, brosse mon pourpoint et donne-moi mon manteau, je veux aller voir ce soir même. Où donc ont-ils leur logis? acheva-t-il en se tournant vers l'hôtelier.

— M. de Maltevert habite la rue de Béthisy.

— C'est à deux pas, il me semble. Et Villemur?

— M. le baron a acheté un hôtel dans la rue Saint-Louis en l'Île.

— C'est beaucoup plus loin. Alors, j'irai demander à souper à Maltevert.

Et d'un geste, le commandeur congédia l'hôtelier.

II

M. de Montmorin fit un bout de toilette et changea de linge, mais il conserva son pourpoint râpé. Pandrille lui mit un œil de poudre dans ses cheveux, noua un ruban à la coquille de son épée et lissa ses moustaches encore noires avec du cosméaque parfumé.

Ainsi pomponné, le commandeur ressemblait assez à un mendiant de haute roche qui se drape dans ses haillons le plus coquettement du monde.

— Maintenant, mon garçon, dit-il au valet, fais-toi servir à souper ici même et fais bonne garde. Il est toujours dangereux d'abandonner des valises comme les nôtres.

— Monsieur le commandeur emporte-t-il son diamant? demanda Pandrille.

— Non pas, répondit le commandeur. Je vais te le confier également. Je pourrais être détroussé au coin d'une rue.

A ces mots, M. de Montmorin tira de sa poche un petit écrin qu'il ouvrit, et un rayon du foyer tombant sur l'objet qu'il renfermait, en fit jaillir une gerbe étincelante de lumière. L'écrin contenait un diamant de la grosseur d'une noix, d'une eau admirable, et qui eût éclipsé, par sa pureté et sa grosseur, le Régent lui-même, ce fameux diamant dont la couronne de France était si fière.

— Hé! hé! murmura M. de Montmorin en souriant, voilà un talisman qui a bien son mérite, et si je le portais au pommeau de mon épée, je ne saurais plus si c'est à lui ou à moi que mes excellents frères feraient fête.

Le commandeur referma l'écrin et le tendit à Pandrille, qui le mit à son tour dans sa poche.

Puis il sortit, le nez au vent, le jarret tendu, souriant et guilleret comme un vieux garçon que n'ont jamais attristé les soucis du mariage, leste et pimpant comme un page qui s'en va, à la brune, escalader un balcon et chagriner un époux grondeur.

Quant à Pandrille, il arma froidement deux pistolets, les plaça à portée de sa main et s'assit sur ses deux valises, siège un peu dur peut-être, mais qui pouvait avoir son mérite.

Le commandeur avait bonne mémoire, et, quoique trente années se fussent écoulées depuis qu'il avait quitté Paris, il s'en alla tout droit et sans hésiter à la rue de Béthisy.

La rue de Béthisy, d'ordinaire fort tranquille, était ce soir-là en grand remue-ménage. De beaux carrosses rangés à la file, et bon nombre de chaises, aux porteurs galonnés à outrance, encombraient les abords d'un joli hôtel récemment construit, et dont la façade était splendidement illuminée.

— Faquin! dit le commandeur en interpellant le premier valet de pied qu'il rencontra à l'entrée de la rue, pourrais-tu me dire quel est cet hôtel?

— C'est celui de M. le comte de Maltevert, capitaine aux mousquetaires.

— Bon! pensa le commandeur, je l'aurais parié.

Et il entra dans la cour de l'hôtel et passa, comme un invité, à travers les nombreux valets chamarrés d'or qui encombraient le péristyle et l'escalier.

Le commandeur monta au premier étage et se hasarda dans un salon où il y avait une foule brillante de dames en robes de bal et de beaux seigneurs vêtus de soie et d'or. A la clarté des lustres, son pourpoint éraillé apparut à tous les yeux, et, sur-le-champ, quelques chuchotements moqueurs, quelques rires étouffés accueillirent le vieux gentilhomme sur son passage.

Un petit garçon de dix ans, hardi et insolent comme un page, vint à lui et le toisa d'un air dédaigneux:

— Qui demandez-vous, mon brave homme? lui dit-il.

— Mon petit ami, répondit le commandeur avec bonté, je voudrais parler à M. le comte de Maltevert.

L'enfant toisa de nouveau le vieillard.

— Si c'est pour lui demander quelque grâce, fit-il, revenez demain. Papa est trop occupé aujourd'hui.

— Ah! M. de Maltevert est votre père?

— Oui, mon brave homme. Est-ce que vous le connaissez?

— J'ai été de ses amis, mon enfant.

Le jeune drôle regarda fort dédaigneusement le vieillard.

— Pourtant, dit-il, papa n'a jamais été pauvre.

— C'est qu'apparemment j'ai été riche jadis, répliqua le commandeur sans manifester aucune irritation.

— Eh bien, monsieur, reprit l'enfant, revenez demain... et si papa peut vous être utile...

— Pardon, mon jeune ami, veuillez dire à votre père que le chevalier de Montmorin...

— Hein? dit l'enfant. On dit que nous avons un oncle de ce nom-là!

— Oui, mon ami.

— Ce n'est pas vous, n'est-ce pas? demanda hardiment l'enfant; mon oncle n'est pas si mal mis.

— C'est ce qui vous trompe: le chevalier de Montmorin, c'est moi.

— Ah! fit le jeune drôle avec une moue des plus dédaigneuses.

Tandis que le commandeur et lui échangeaient ces quelques mots, un second enfant, plus jeune de deux ans, s'était approché d'eux, et entendant la dernière phrase du vieillard, il courut rejoindre un personnage d'un âge mûr, dont la poitrine était couverte du collier des Ordres, et qui arrivait d'un salon voisin, attiré par l'espèce de rumeur que venait de produire l'entrée du commandeur, un homme mal vêtu que nul ne connaissait.

— Papa, cria l'enfant avec cette étourderie sans pitié de la jeunesse, voilà un mendiant qui prétend être notre oncle, le chevalier de Montmorin.

Le commandeur, qui n'avait perdu ni son calme ni sa physionomie humble et bonasse, regarda du coin de l'œil son frère M. le comte de Maltevert, le vit pâlir à son nom et se mordre les lèvres de dépit. Puis il alla à lui, les bras ouverts, et lui sauta au cou:

— Ah! cher comte, murmura-t-il, quel bonheur de vous revoir, enfin!

— Comment! c'est vous, Montmorin? balbutia le mousquetaire en rendant assez froidement à son frère son accolade pleine d'effusion.

— Moi-même, cher Hector...

— Et d'où venez-vous donc, bon Dieu?

— De Malte.

— Ah! murmura le comte avec un dépit croissant, c'est trop aimable à vous de venir me visiter. Etes-vous à Paris pour longtemps?

— Mais, dit le commandeur avec une naïveté qui fit frissonner le comte, pour toujours, je l'espère.

— Vous avez donc renoncé au service de l'Ordre?

— Je suis vieux et couvert de blessures.

— Mais vous vous portez comme un charme, il me semble.

— Et pauvre comme un vrai cadet, acheva le commandeur avec un soupir.

Le comte ne souffla mot; mais il prit son frère par la main et le présenta à la comtesse; puis il s'excusa sur ses devoirs de maître de maison et lui demanda la permission de s'occuper de ses invités.

La comtesse avait fait au commandeur un accueil aussi glacial que celui de son mari.

M. de Montmorin était homme du monde, il avait de l'esprit et il portait son vieux pourpoint de si galante manière qu'il eut conquis bientôt les bonnes grâces des dames et fait taire les moqueries de quelques jeunes fous. Il poussa même la verdeur et l'aisance jusqu'à danser un menuet avec une jeune et belle personne de vingt ans, et à trois heures du matin il rejoignit le comte dans l'embrasure d'une croisée.

Le comte était pâle de colère, et il redoutait une seconde entrevue avec ce frère qui, sans doute, comptait s'installer chez lui pour le reste de ses jours.

— Mon bel ami, lui dit le commandeur d'un ton dégagé, j'avais songé d'abord à me retirer chez vous et à vivre mes derniers jours à Paris, mais j'ai une crainte...

— Ah! dit le comte, dont l'œil brilla d'un subit espoir.

— Le climat de Paris est des plus malsains. Je suis couvert de coups de sabre et troué à jour par les balles turques. L'air de Paris ne me vaut rien.

« Vous savez, poursuivit le commandeur, que Montmorin, cette bicoque que notre père m'a laissée pour tout héritage, est situé sur un rocher au bord du Cousin. L'air y est salubre. Je vais me retirer à Montmorin. La terre rapporte bon an mal an six cents livres: c'est peu, mais j'ai été habitué à vivre de rien. J'y serai le plus heureux des hommes.

— Ah! fit le comte, respirant librement.

— Mais, ajouta le commandeur, donnez-moi donc des nouvelles de Villemur?

— Le baron est dans sa terre d'Arcy, avec sa femme et sa fille, répondit le comte.

— Bon! je l'irai voir en passant.

— Ainsi, vous partez.

— Demain.

— Comment! vous ne me donnerez pas au moins quelques jours?

— Brrr! souffla le commandeur, décidément, il fait horriblement froid à Paris. J'ai eu le frisson tout à l'heure, et si je veux vivre quelques jours encore, il faut que je déguerpisse.

— A ce compte, murmura M. de Maltevert d'un air résigné, je ne vous retiens plus.

— Adieu, Maltevert.

— Adieu, mon frère.

Le commandeur prit congé, puis il s'arrêta sur le seuil du salon, et regardant du coin de l'œil ses deux jeunes neveux:

— Eh! eh! mes petits drôles, murmura-t-il, vous pourriez bien quelque jour vous repentir d'avoir reçu comme un chien votre pauvre oncle le commandeur et de l'avoir appelé mendiant. Décidément j'ai bien fait de ne pas mettre mon diamant à la poignée de mon épée. Ce cher comte, mon bien-aimé frère m'eût étouffé de caresses.

Et le commandeur sortit un peu attristé, mais la tête haute et avec une démarche de prince, malgré son pourpoint râpé.

Il regagna d'un pas leste l'hôtellerie de l'oncle Bourdin, et trouva Pandrille endormi sur les valises dont il s'était fait un matelas.

— Drôle! lui dit-il, aide-moi à me déshabiller, je vais faire un somme de huit heures. Puis, demain matin, tu feras donner l'avoine aux chevaux.

— Nous partons donc? demanda Pandrille.

— Sans doute.

— Et où allons-nous?

— Nous allons à Montmorin.

— Ah! dit le laquais, il paraît que M. le comte de Maltevert est absent de Paris.

— Non, mais il est très-affairé.

— Je comprends, murmura Pandrille qui devina l'accueil fait à son vieux maître. Mais, demanda-t-il, monsieur le commandeur n'ira-t-il point voir le baron de Villemur?

— Oh! si fait! mais le baron est à Arcy, c'est à deux pas de Montmorin.

— Parfait! dit sentencieusement le laquais en aidant son maître à se déshabiller, après lui avoir rendu son diamant que celui-ci plaça sous son oreiller.

Le lendemain, les lourdes valises furent bouclées de nouveau sur les selles, et le commandeur, après avoir payé l'écot, prit congé de maître Bourdin, la fleur des hôteliers.

— Ma foi! pensa celui-ci après lui avoir souhaité bon voyage, le comte a certainement fort mal reçu son cadet, et il est maintenant bien évident que les valises ne contiennent que du plomb; sans cela...

Ces deux derniers mots étaient un poëme de philosophie. La fleur des hôteliers savait fort bien qu'on reçoit toujours à bras ouverts un frère qui revient avec des valises gonflées d'or.

III

Le commandeur et son laquais chevauchèrent pendant quatre jours du matin au soir, ne s'arrêtant que deux fois: à midi pour laisser reposer leurs maigres chevaux; le soir pour gîter dans la première hôtellerie qu'ils trouvaient au bord de la route. Ils atteignirent ainsi la ville d'Auxerre et y passèrent la nuit.

Là, M. de Montmorin dit à Pandrille:

— Nous n'avons plus que six lieues à faire, et nous pouvons demain dormir la grasse matinée, d'autant plus que je tiens assez à ce que tu n'arrives à notre bicoque qu'à la nuit close.

— C'est fort heureux pour nos montures, grommela Pandrille, car elles sont à bout de forces, et si nous avions encore trois jours de marche, nous ferions bien certainement les deux derniers à pied.

M. de Montmorin s'en alla descendre, à Auxerre, sur la berge de l'Yonne, dans une méchante hôtellerie où il n'avait garde d'être remarqué, et s'y donna prudemment pour un pauvre diable d'officier de fortune qui portait la solde de son régiment dans ses valises, car l'aubergiste les avait tâtées de la main.

Il soupa de fort bon appétit, fit monter ses valises dans sa chambre, mit sous son oreiller son épée et ses pistolets, et fit dresser dans la même pièce un lit de camp à Pandrille.

M. de Montmorin dormit d'une traite jusqu'à dix heures du matin, puis il déjeuna, but le meilleur crû que possédât son hôte, et se mit en selle tout guilleret et tout joyeux.

Comme on était alors en hiver, c'était charmant de voyager en plein jour, et nos voyageurs ne firent halte qu'au petit bourg du Vermenton, où ils laissèrent souffler leurs chevaux durant une demi-heure.

Puis ils repartirent et gagnèrent au petit trot de leurs deux rossinantes le chemin de traverse qui conduisait à Arcy en abandonnant la route d'Avallon.

M. de Montmorin s'arrêta alors et dit à Pandrille:

— Mon garçon, tu connais parfaitement le chemin qui mène à Montmorin, n'est-ce pas?

— Parbleu! répondit Pandrille, j'ai colleté dans ma jeunesse les lapins de monsieur le commandeur.

— Faquin!

Pandrille baissa la tête d'un air repentant.

— Mais, poursuivit le commandeur, il y a longtemps, et je te pardonne. Tu vas donc continuer ta route jusqu'à Montmorin...

— Monsieur le commandeur me quitte?

— Oui, je vais à Arcy.

Pandrille faillit laisser glisser sur ses lèvres ce sourire incrédule que l'oncle Bourdin n'avait réprimé qu'à grand'peine, quand le commandeur avait parlé de l'hospitalité qu'il comptait recevoir chez ses frères.

— Tu porteras les valises dans les caves, et tu les enterreras soigneusement ce soir même, poursuivit le commandeur. Puis tu annonceras ma prochaine arrivée à mes vassaux.

— Ils sont peu nombreux, murmura Pandrille.

— Je le sais, mais qu'importe!

— Au fait, dit le laquais, charbonnier est maître chez lui.

— Tu parles d'or. Enfin, tu me chercheras une cuisinière. Je la veux proprette et jolie.

— Peste! pensa Pandrille, monsieur le commandeur est toujours vert galant.

— Quant à toi, je te nomme mon intendant.

— Monsieur le commandeur me comble. Est-ce tout ?

— Oui, pour le moment. Bon voyage.

Et M. de Montmorin poussa son cheval dans la direction d'Arcy, tandis que maître Pandrille continuait sa route vers Montmorin où il arriva à la nuit tombante, et exécuta de point en point les ordres du commandeur.

Le commandeur arriva à la grille du château d'Arcy à cette heure qu'on a surnommée *entre chien et loup*, c'est-à-dire entre le jour et la nuit.

M. de Villemur y passait l'automne et une grande partie de l'hiver. Veneur enragé, il condamnait la baronne à une sorte d'exil à la campagne, et lorsque M. de Montmorin entra dans l'avenue de tilleuls qui conduisait au perron, il entendit au loin dans les bois environnants résonner une trompe qui sonnait un hallali courant des plus gaillards.

Il supposa, ce qui était la vérité, que son frère chassait encore à cette heure crépusculaire, et il n'en continua pas moins son chemin jusqu'à la grand'porte. Un valet accourut au bruit des pas du cheval, et inventoria d'un coup d'œil le roussin, le cavalier et son costume montrant la corde.

— M. le baron est à la chasse, dit le laquais.

— La baronne y est-elle?

— Oui, monsieur.

— Alors introduisez-moi.

— Qui annoncerai-je ? demanda le laquais d'un air impertinent.

— Vous annoncerez le chevalier de Montmorin.

Le commandeur jeta la bride à un autre valet et suivit le premier qui le conduisit jusqu'à un petit salon où une jeune femme tenait sur ses genoux une ravissante petite fille de quatre ou cinq ans, blanche comme un lis, avec de beaux cheveux châtains bouclés et ruisselant sur ses épaules.

L'enfant jouait et lutinait avec sa mère qui la couvrait de baisers.

Ce spectacle plut fort au commandeur qui s'arrêta charmé sur le seuil du salon.

Au nom de Montmorin, à la vue de l'étranger, madame de Villemur se leva vivement et salua le commandeur.

La baronne était une femme de trente-deux ans environ, fort belle encore, blonde et souriante du meilleur des sourires, et ses yeux bleus avaient tourné la tête à son vieil époux qui, à cinquante ans passés, avait songé à se marier, et ne s'en repentait nullement, du reste.

Madame de Villemur était aussi bonne que belle, et elle fit au chevalier un accueil charmant, peu soucieuse de sa pauvreté. Il lui suffisait que M. de Montmorin fût le frère de son époux. La petite fille, Camille, après avoir regardé fort longuement le vieil oncle, obéissant à cette intelligente curiosité de tous les enfants, passa ses petits bras d'albâtre autour du cou du vieillard, et l'embrassa tendrement.

Et M. de Montmorin tressaillit de joie et se sentit ému jusqu'aux larmes. Il comprit qu'il allait aimer cette gracieuse enfant comme il aurait aimé sa fille, et déjà le bonhomme, ravi de la façon dont l'avait reçu sa jeune belle-sœur, allait bâtir les plus splendides châteaux en Espagne sur les heures calmes et fortunées de sa vieillesse, lorsque le baron arriva.

M. le baron de Villemur était, en tous points, le digne frère de M. le comte de Maltevert ; seulement il avait le don de la dissimulation, et quelque déplaisir qu'il eût de voir arriver chez lui ce frère en haillons, il n'en fit rien paraître et étouffa le commandeur de caresses.

Malheureusement M. de Montmorin était doué d'une grande perspicacité ; il jugeait les hommes d'un seul coup d'œil, et il devina la pensée la plus intime de M. de Villemur.

— Décidément, se dit-il, je crois que Pandrille ne m'attendra pas bien longtemps à Montmorin.

Cependant il passa quelques jours à Arcy, et parut même décidé à s'y installer pour fort longtemps. Madame de Villemur en témoignait une grande joie, et quant à la belle petite fille, elle avait pris son vieil oncle en si grande amitié qu'elle le suivait partout.

Mais M. de Villemur, qui avait hâte de se dépêtrer de son frère, lui annonça un matin qu'il allait partir pour Paris. La baronne désirait y passer l'arrière-saison, et puis il faisait grand froid à la campagne, — et puis encore M. de Montmorin ne devait pas oublier qu'il possédait un petit manoir sur les bords du Cousin, et il était de son intérêt de l'aller visiter.

Le commandeur comprit que c'était un congé en bonne forme que son cher frère lui donnait ; il courba le front sans mot dire et fit ses préparatifs de départ.

Le lendemain matin, au point du jour, il mit le pied à l'étrier et prit le chemin de Montmorin.

Mais il avait pris dans ses bras la charmante petite Camille, et il s'était murmuré à lui-même en la couvrant de baisers :

— Cette enfant saura un jour ce qu'elle a gagné à baiser les cheveux blancs de son vieil oncle.

Et il poussa son cheval en laissant échapper un soupir qui était comme la conclusion des réflexions fort tristes qu'il avait faites sur l'égoïsme de la race humaine.

V

Le manoir de Montmorin aurait bien eu son mérite aux yeux d'un peintre enamouré de la nature sauvage, ou d'un archéologue affolé des vieilles constructions féodales.

Situé en plein Morvan, cette Écosse en miniature du centre de la France, il était perché sur un roc comme une aire d'aigles, ou un nid de faucons, et dominait de ses quatre tours massives une étroite vallée au fond de laquelle roulait le Cousin, une rivière capricieuse et fantasque, ruisseau en été, fleuve en hiver.

Montmorin datait des croisades. Un Maltevert, car tel était le nom patronymique du commandeur, à qui celui de Montmorin ne revenait qu'en sa qualité de cadet, un Maltevert, disons-nous, l'avait bâti au retour de la terre sainte pour y loger une jeune et belle Sarrazine devenue chrétienne, et dont il avait fait sa femme.

Les Maltevert, on le voit, avaient une assez belle généalogie.

Plus tard, durant le moyen âge, Montmorin, dont sa situation formidable faisait une véritable forteresse, avait soutenu plusieurs sièges Les ducs de Bourgogne, Jean sans Peur et Charles le Téméraire y avaient logé ; un Maltevert protestant s'y était défendu à outrance durant les guerres de religion. Enfin le roi Louis XIV lui-même y avait reçu une hospitalité grandiose dans un voyage qu'il fit en Bourgogne.

Mais le vieux manoir était, comme toutes les choses de ce monde, soumis aux vicissitudes de la fortune et à la misère des temps. Sa splendeur s'évanouit un jour, on ne sait comment. Les derniers Maltevert allèrent habiter Arcy et laissèrent le fier castel tomber en ruine peu à peu. Le père du commandeur n'eut ce cadet pour unique héritage, après avoir distrait, au profit de ses aînés, les meilleures dépendances. La terre de Montmorin se trouva ainsi réduite à quelques champs pierreux, à quelques arpents de bois rabougris, à deux fermes dont les amodiateurs payaient fort mal leurs redevances, et à quelques vassaux qui se dispensaient de la dîme depuis trente ans, attendant que le commandeur revînt de Malte exprès pour la réclamer.

Quant au manoir lui-même, c'était pitié de le voir. Les murs en étaient lézardés, la pluie passait à travers la toiture, les vastes salles n'avaient plus ni meubles ni vitraux, et dans tout l'édifice maître Pandrille eut toutes les peines du monde à trouver une chambre convenable pour y recevoir M. le commandeur.

Un seul domestique, un vieillard, était le gardien de ces décombres à l'arrivée de mons Pandrille qui lui annonça le prochain retour de son maître, — ce qui fit frissonner le vieux Caleb, qui se demanda naïvement où il logerait son seigneur et comment il lui servirait à souper.

Pandrille écouta ses lamentations en souriant ; — et puis, comme M. de Montmorin passa quelques jours à Arcy, le nouvel intendant eut le temps de s'industrier.

Il fit venir un couvreur qui côtoya le toit, acheta à Avallon quelques meubles indispensables, embaucha une fillette du village pour faire la cuisine de M. le commandeur, et lorsque ce dernier vint, à la nuit tombante, frapper à la porte de son manoir, il trouva un large feu dans la cheminée, un souper sur sa table, un bon lit dans sa chambre, et il put s'endormir en savourant ce bienheureux proverbe : « Charbonnier est maître chez lui. »

Le lendemain la vallée tout entière apprit le retour de son seigneur, et les vassaux, inquiets touchant l'arriéré de leur dîme, vinrent au manoir humbles et l'oreille basse. Le commandeur leur donna quittance.

Deux jours plus tard, la nouvelle se répandit de la vallée aux environs, et en même temps on sut que M. de Montmorin revenait comme il était parti, sans sou ni maille.

Lorsqu'il eut pris une semaine de repos, le commandeur résolut de visiter ses voisins de terre et ses parents. Il en avait beaucoup en Morvan, dans le Charollais et l'Autunois, attendu que les Maltevert étaient alliés à presque toute la noblesse bourguignonne.

Il mit quinze jours à faire ce voyage, et partout il fut accueilli avec cette froide courtoisie qui signifie que, si « pierre qui roule n'amasse pas de mousse, elle doit continuer à rouler. »

M. de Montmorin rentra en son manoir en plus triste qu'il n'en était parti, et il se dit avec mélancolie :

— Tous les hommes se ressemblent : ils ont dégoût de la misère.

Cependant le pauvre commandeur avait horreur de la solitude, et il se défiait des faux amis; il aurait souhaité ardemment en trouver de véritables et peupler son vieux manoir de visages souriants.

— Si je me mariais! pensa-t-il.

Mais M. de Montmorin oubliait qu'il avait cinquante ans, et qu'il ne serait que fort difficilement aimé pour lui-même ; — et, comme le cœur humain est toujours empli d'une certaine dose de présomption, le bonhomme s'imagina que s'il n'avait pu trouver d'amis vrais, il trouverait du moins une femme aimante.

Bientôt toute la province de Bourgogne apprit que M. le chevalier de Montmorin, commandeur de l'ordre de Malte, pauvre comme Job, affligé de cinquante années révolues, cherchait femme.

Et la province de Bourgogne répondit par un immense éclat de rire qui trouva des échos en Champagne et en Nivernais.

Cependant, quand M. de Montmorin avait une idée, cette idée était tenace; il voulut savoir au juste si, d'Auxerre à Autun et de Dijon à Nevers, il ne trouverait point une seule fille qui voulût partager sa pauvreté.

— Parbleu! se dit-il, je me souviens d'un certain cousin qui, il y a trente ans, au moment où je partais pour Malte, était en train de prendre femme. Peut-être a-t-il une fille? Celui-là n'était pas riche, ventre-saint-gris, et je suis bien sûr que son ambition doit être bornée.

Et M. de Montmorin ordonna à Pandrille de seller ses chevaux, et, dès le lendemain matin, il se remit en route.

Le cousin dont le commandeur s'était souvenu demeurait si loin de Montmorin que le vieux gentilhomme l'avait omis sur la longue liste des parents qu'il avait visités; il habitait un vieux manoir tout branlant et tout délabré, dans l'Autunois, et il était chargé d'une nombreuse famille, cinq garçons et une fille.

M. de Montmorin arriva chez lui au bout de trois jours de marche, déclina ses titres et qualités à l'unique valet possédé par M. de Rochebrune : ainsi nommait-on le cousin, et se fit annoncer.

M. de Rochebrune, qui était veuf depuis longtemps, prenait son repas du soir en compagnie de ses cinq fils et de sa fille lorsque le commandeur entra. Un pot de vin aigrelet et incolore, un morceau de venaison et quelques fruits composaient tout le souper. Cependant M. de Montmorin fut assez bien accueilli, car, après tout, les Rochebrune ignoraient s'il était riche ou pauvre, et il soupa d'un excellent appétit, tout en dévorant des yeux la fille du logis, laquelle était une grande et belle brune de dix-neuf ans, à l'œil noir, au teint doré, aux lèvres rouges et aux dents blanches. Elle s'appelait Carmen.

— Parbleu! murmura à part lui M. de Montmorin, le cousin Rochebrune n'est point assez riche pour me refuser sa fille, et, ventre-saint-gris! j'aurai là une assez jolie femme.

Cependant le commandeur fut très-circonspect, et renvoya au lendemain ses ouvertures matrimoniales.

Le lendemain, en effet, de très-bonne heure, il prit son cousin Rochebrune par le bras, et lui dit :

— Venez donc, cousin, nous nous causerons un peu...

Mais le gentilhomme avait jeté déjà un coup d'œil à l'écurie, et s'était convaincu que les chevaux du commandeur et de son laquais étaient deux rosses; ensuite M. Pandrille avait jasé avec le caleb de Rochebrune et lui avait avoué que son maître n'avait ni sou ni

maille; enfin M. de Rochebrune, remarquant le pourpoint du commandeur au grand soleil, s'aperçut qu'il était usé jusqu'à la corde.

Aussi, craignant quelque emprunt, se montra-t-il froid et contraint.

— Cousin, lui dit naïvement M. de Montmorin, hier, tandis que nous soupions, je suis éperdument tombé amoureux de votre fille.

— Hein? fit M. de Rochebrune qui ne comprit pas.

— Et, continua le commandeur, si vous me la vouliez bailler en mariage...

Le gentillâtre fit un soubresaut.

— Je suis pauvre, poursuivit le commandeur, mais je ne réclamerai pas un sou de dot.

— Cousin, répliqua durement M. de Rochebrune, vous êtes fou.

— Moi fou! et pourquoi?

— Parce que rien ajouté à rien donne zéro pour total. Or, mon cher, Carmen est la plus belle fille de la province de Bourgogne. C'est une perle qui vaut un trésor. Quelque gentilhomme riche des environs s'en éprendra un beau matin et l'épousera. Alors nous réparerons un peu Rochebrune qui tombe en ruine. Croyez-moi, si vous voulez également restaurer un peu Montmorin, épousez une fille moins belle, mais plus riche que la mienne.

Le ton du cousin était sec et n'admettait pas de réplique.

— Allons! murmura le commandeur qui, le soir même, reprit la route de Montmorin, un homme pauvre ne peut pas se marier, je le vois bien...

VI

A six mois de là, il se fit une grande rumeur dans le pays morvandiau et les contrées voisines. Les hobereaux des alentours se firent réciproquement visite pour s'enquérir du fait, et l'évêque d'Autun fut consulté pour savoir s'il n'y avait ni magie ni sortilége dans les événements qui s'accomplissaient. Et ces événements, en effet, tenaient réellement du prodige :

Le manoir de Montmorin venait d'être restauré en huit jours.

Une légion d'ouvriers venus de Paris, de Versailles, d'Auxerre même avaient envahi la ruine, relevant les murs écroulés, redorant les écussons, remplaçant les vieilles tentures par des étoffes merveilleuses, les bahuts boiteux par des meubles de Boulle, les miroirs à cadre bruni par de splendides glaces de Venise, — tandis que le parc inculte et sans clôture était dessiné à nouveau, dégagé de ses broussailles et rendu coquet et magnifique comme un parc de résidence royale.

En même temps, le commandeur avait racheté d'un seul coup de vastes domaines vendus autrefois par sa famille et distraits de Montmorin. Le chenil où hurlaient deux chiens efflanqués et vieux s'était peuplé subitement d'une meute de soixante-dix têtes, nobles bêtes de Vendée, ou anglais tricolores; — les écuries où le roussin était mort peu de temps après son arrivée avaient reçu trente chevaux allemands et anglais du sang le plus pur; — les antichambres s'étaient garnies de laquais galonnés à outrance, les cuisines de marmitons, les bois de gardes-chasse aux habits brodés...

Et maître Pandrille s'était montré au village vêtu d'une façon plus superbe que les hobereaux environnants, dont quelques-uns avaient peine déjà à nombrer leurs quartiers de noblesse.

On apprit alors que M. de Montmorin était presque aussi riche que le roi; que durant la dernière guerre des chevaliers de Malte avec les Turcs, dans un brillant combat où il s'était conduit comme un lion, en vrai Maltevert qu'il était, il avait pris à l'abordage une frégate ottomane chargée d'or et qui portait en outre au grand-seigneur un diamant merveilleux payé deux millions de piastres à un chercheur de perles Mogol.

L'or et le diamant étaient devenus, par droit de conquête, la propriété du commandeur.

Alors le comte de Maltevert, le baron de Villemur, les petits-cousins et les anciens amis qui avaient si mal reçu le gentilhomme pauvre, les héritières dédaigneuses d'un vieux mari, — tous se mordirent les lèvres, tous éprouvèrent de cuisants regrets et essayèrent de réparer leurs torts. Il était trop tard!

Le commandeur reçut tout le monde avec courtoisie et éconduisit tout le monde; — puis quand on aborda le chapitre du mariage, il avoua naïvement qu'il était trop vieux, et cita à l'appui de son dire un conte arabe dans lequel un mari barbon qui s'était enamouré d'une jeune épouse mourut de jalousie au bout de six mois.

Le commandeur, qui se plaisait à narrer cette histoire, ajoutait même avec un sourire moqueur que la jalousie du mari, loin d'être une lubie de vieillard, était pleinement justifiée.

Et la province de Bourgogne, qui d'abord avait ri, poussa un gros soupir qui s'en alla retentir des forêts du Nivernais aux plaines champenoises.

— Eh bien! ami Pandrille, dit un jour le commandeur à son intendant, que penses-tu de tout cela?

— Je pense, répondit Pandrille qui était un philosophe, que si monsieur le commandeur eût restauré son château et porté son diamant avant de chercher femme, il aurait eu un sérail mieux approvisionné que celui du sultan.

— Bon! dit le commandeur, à présent je vais chercher femme, le conseil est bon.

VII

Mons Pandrille supposa que son maître était subitement devenu fou, et il se mordit les lèvres, furieux d'avoir lâché une phrase imprudente.

Mais il n'était plus temps, et M. de Montmorin songeait sérieusement à se donner une compagne.

Seulement, comme tous ceux qui ont attendu longtemps, il était pressé, et il voulait d'ailleurs trouver une femme jeune, jolie, vertueuse, et qui l'aimât pour lui et non pour son diamant. Pandrille en eût bien certainement haussé les épaules.

VIII

La plus jolie Morvandelle qu'on eût jamais vue, d'Avallon à Autun et de Clamecy à Château-Chinon, la plus belle fille pour laquelle soupiraient tout bas les jeunes gars du pays bourguignon, était bien certainement la petite Rose Guillaumier, la fille du métayer du Val-Fourchu.

Le Val-Fourchu était une ferme qui dépendait de Montmorin. Elle se trouvait au milieu des bois, au fond d'une gorge sauvage où coulait un bruyant ruisseau avait pris, on ne sait trop pourquoi, le nom satanique de Val-Fourchu.

La légende la plus accréditée était que le diable l'avait creusé lui-même, et que, un pied ruisseau, un jour qu'assis sur la montagne voisine il attendait une âme pour la perdre, et s'ennuyait de l'attente.

La ferme qui s'élevait au milieu du val était, du reste, proprette et bien tenue. Le métayer était à l'aise, et son aisance prenait sa source dans le gibier qui foisonnait aux alentours. En l'absence du chevalier de Montmorin, les braconniers ne s'étaient jamais privés de venir tendre leurs collets dans les bois, tuer, au mois de mai, les brocards et les chevrettes à l'affût, lorsqu'ils venaient boire à la mare, et les sangliers en tout temps, quand ils s'y souillaient en clair de lune.

Maître Guillaumier avait exploité la situation : il s'était fait cabaretier et servait à boire aux braconniers.

Or, qui dit Morvandiau, dit braconnier. Paysan ou gentilhomme, bourgeois ou fonctionnaire public, chacun empiète le plus possible sur les lois de chasse; et les clients du cabaret s'étaient si bien multipliés, que Guillaumier avait fait ses affaires et arrondi une somme de quatre mille livres qui devait être la dot de Rose.

L'arrivée subite du seigneur dérangea un peu les plans de fortune du métayer, fort honnête homme du reste, qui payait exactement ses fermages et ne faisait de tort à personne.

M. de Montmorin était trop Morvandiau pour n'être point chasseur, par conséquent pour tolérer les abus de braconnage commis sur ses terres; et lorsque les gardes galonnés d'argent du commandeur se furent montrés dans les bois, les hobereaux du voisinage n'osèrent s'y risquer, laissant le champ libre aux quelques pauvres diables qui colletaient des lapins et assassinaient de loin en loin un sanglier.

Ceux-là buvaient peu, et Guillaumier ne put s'empêcher de soupirer en murmurant : — Mon honoré seigneur me ruine!

Le commandeur apprit les plaintes de son métayer, et il l'alla voir pour le consoler. Guillaumier était absent, mais il trouva la petite Rose assise sur le seuil de la ferme et qui lui montra ses dents blanches en un sourire ravissant. Le commandeur en frissonna des pieds à la tête, et il s'avoua que Rose était la plus merveilleuse beauté qu'il eût jamais vue.

Cependant, en homme qui a vécu trente années en Orient, M. de Montmorin s'y connaissait.

Il lui conta fleurette à demi; Rose rougit comme une cerise de juin, mais ce fut de plaisir.

Le lendemain le commandeur vint, par hasard, chasser au Val-Fourchu; les jours suivants, il y vint encore. Un jour il demanda à déjeuner à Guillaumier, tout rayonnant d'avoir l'occasion d'héberger son seigneur.

Bref, M. le commandeur de Montmorin devint très-sérieusement épris de Rose.

La jeune fille, de son côté, fort insensible jusque-là aux galantes fleurettes de tous les beaux veneurs qui s'étaient succédé au Val-Fourchu, sentit son cœur battre d'une étrange façon quand le commandeur la regardait.

Il avait la cinquantaine pourtant; mais il était si vert, si spirituel... si aimable... Un jour M. de Montmorin trouva Rose toute seule et fort triste.

— Petite, lui dit-il, si je t'aimais qu'en dirais-tu?

— Je dirais que c'est bien malheureux pour moi, murmura-t-elle.

— Pourquoi?

— Parce que vous êtes un seigneur et moi une paysanne.

— Bon! et s'y j'étais un paysan...

— Ah! dit Rose en rougissant et baissant les yeux, je le voudrais bien.

M. de Montmorin devina que Rose l'aimait, et il s'en alla trouver Guillaumier qui emblavait un champ, et lui dit :

— Il y a longtemps que je cherche femme; ta fille me plaît, je veux l'épouser.

Guillaumier regarda son seigneur et crut qu'il était fou.

— Mais, continua le commandeur, je suis gentilhomme; j'ai des préjugés à l'endroit des mésalliances, et, si tu m'en crois, le mariage se fera secrètement. Mes frères me feraient assassiner, s'ils savaient que je deviens ton gendre.

IX

Il en fut fait comme avait dit le commandeur. Il épousa Rose secrètement. Un an après, la jeune châtelaine, qui demeurait toujours chez son père, où son noble époux la venait visiter, mit au monde deux jumeaux, un fils et une fille.

Le fils reçut le nom de Jean, la fille celui de Madeleine.

Et les Morvandiaux ne manquèrent point de jaser un peu sur le faux pas de la belle Rose.

Mais le commandeur était si riche!

X

Vingt ans s'écoulèrent. Pendant ces vingt années, l'orage révolutionnaire avait éclaté. Le roi était mort sur l'échafaud; la Terreur avait promené son flambeau sinistre à travers la France; la noblesse avait émigré, et toutes les gentilhommières du pays de Bourgogne étaient veuves de leurs habitants. Beaucoup avaient été rasées ou brulées; quelques-unes demeuraient debout.

De ce nombre était Montmorin, et, ô miracle! le commandeur avait continué à y vivre fort paisiblement, entouré du respect général.

Le commandeur était adoré en Morvan; et s'il fût venu à la pensée du tribunal révolutionnaire d'Auxerre de le traduire à sa barre, la vallée du Cousin tout entière se fût levée pour sa défense. Puis la tempête s'était calmée; aux Montagnards avaient succédé les Thermidoriens, aux Thermidoriens le Directoire, au Directoire le Consulat. M. de Montmorin n'était plus seigneur, mais il était maire de sa commune. Enfin l'Empire arriva. Alors les émigrés rentrèrent peu à peu, et les parents du commandeur furent très heureux d'obtenir sa protection.

Mais le commandeur avait singulièrement vieilli durant ces vingt années. Rose était morte, et il ne restait autour de M. de Montmorin que ses deux enfants, Jean et Madeleine, et maître Pandrille qui touchait à la cinquantaine et grisonnait furieusement.

Pandrille exécuta de point en point les ordres du commandeur. (P. 5.)

Un jour le commandeur, qui venait d'accomplir sa soixante-dixième année, le prit à part et lui dit :

— Ami Pandrille, tu m'as été si dévoué durant ma vie que, j'en suis persuadé, tu exécuteras fidèlement mes volontés après ma mort.

Pandrille aquiesça d'un signe de tête.

— Tu te souviens de l'accueil que me firent mes frères à notre retour de Malte?

— Oui, certes, murmura Pandrille.

— Toute faute mérite châtiment, dit le commandeur. J'ai fait un testament qui sera ma vengeance. Mes chers neveux, qui m'ont appelé *mendiant*, et mes beaux cousins, qui m'ont éconduit, s'y trouvent couchés... Ah! fit le commandeur en souriant, toi qui verras cela, ami Pandrille, tu riras à ton aise, je te jure.

Et le commandeur remit à Pandrille son testament cacheté, et joint au testament le singulier codicille que voici :

« Ma volonté est que mon testament ne soit ouvert que trois mois après le jour de mon décès. Pendant ces trois mois, tous mes parents, collatéraux et ayant droit à tout ou partie de ma succession, auront le droit de s'installer au château de Montmorin et d'y attendre l'ouverture de mon testament.

« J'ai rapporté de Malte un diamant de la valeur de trois millions. Ce diamant est caché dans le château, je le donne d'avance à celui qui sera assez heureux pour le trouver.

« Mon intendant Pandrille, que je nomme mon exécuteur testamentaire, fera à mes héritiers les honneurs de Montmorin.

« *Post-Scriptum.* Si le diamant était trouvé par l'un de mes héritiers, avant l'expiration du délai ci-dessus, on pourrait passer outre sur-le-champ et ouvrir le testament avant l'époque fixée. »

Au codicille était jointe une liste des collatéraux du commandeur.

— Ma foi! murmura Pandrille, j'en verrai de belles. Ils s'assassineront mutuellement pour avoir le diamant.

— Je le crois, répondit le commandeur avec calme.

Ces trois mots renfermaient la vengeance de ce vieillard, qui avait voulu mettre l'affection de famille à l'épreuve, et qui n'en avait recueilli que mépris et indifférence.

XI

M. le commandeur de Montmorin, chevalier de Malte, relevé de ses vœux, mourut dans l'année; et le bon Pandrille, après avoir pleuré son maître, se mit en devoir d'écrire à ses héritiers, en leur communiquant le singulier codicille.

PREMIÈRE PARTIE.

I

Il y avait deux mois et demi, jour pour jour, que M. le chevalier de Montmorin, commandeur de l'ordre de Malte et cadet de la famille des Maltevert, était mort. Cependant, ce soir-là, le vieux manoir, rajeuni par son dernier propriétaire, et qui, depuis sa mort, avait repris cet aspect morne et désolé des demeures veuves de leur maître, venait de revêtir subitement un air de fête.

Un grand feu brillait aux cuisines, chauffant par degrés un rôti gigantesque; la livrée du défunt était au complet. De la base au faîte, le manoir était illuminé.

On eût dit que, ressuscité, le commandeur conviait toute la noblesse morvandelle et bourguignonne à quelque homérique festin.

Cependant il n'en était rien. Le commandeur n'était point sorti de sa bière; une grande partie de la noblesse boudait encore l'ère impériale et demeurait à l'étranger. Les châteaux voisins avaient été détruits, et dans celui de Montmorin, il n'y avait plus de maître réel que mons Pandrille, chez qui les années avaient opéré un notable changement.

Devenu intendant, Pandrille avait senti qu'il était un personnage, et cela du vivant de M. de Montmorin. A la mort du commandeur, le d gue serviteur s'était élevé à la hauteur des circonstances.

Il était obèse, et sa rotondité eût sans doute imprimé un cachet grotesque à sa personne, si son visage, jadis haut en couleurs, n'était devenu pâle et triste, et n'avait revêtu une teinte mélancolique du meilleur effet.

Depuis la mort du commandeur, mons Pandrille, son exécuteur testamentaire, ayant pris une importance excessive, et dans le pays on le saluait avec le plus grand respect. Toujours vêtu de noir comme un homme de loi, il administrait cette fortune immense, qui

Petite, lui dit-il, si je t'aimais, qu'en dirais-tu ? (P. 7.)

allait être divisée bientôt, avec la probité impérieuse d'un homme qui ne craint point de rendre ses comptes, mais qui ne les rendra qu'en temps et lieu.

On lui obéissait au doigt et à l'œil dans le château, et il avait reçu les héritiers qui arrivaient successivement depuis quelques jours, les uns de Paris, les autres de l'étranger, avec cette dignité froide et courtoise des gens qui comprennent leur valeur intrinsèque.

Jusqu'au jour où le testament serait ouvert, Pandrille entendait être le maître du château.

Peut-être même était-il dans le secret du testament, et alors ne regardait-il point d'une façon trop sérieuse tous ces hommes venus d'un peu partout pour avoir leur part du gâteau et chercher le fameux diamant.

Du reste mons Pandrille, obéissant en cela à la tradition de magnificence de son défunt seigneur, avait-il voulu que les cohéritiers fussent noblement hébergés au château.

M. de Montmorin, par une note jointe à son codicille, avait réglé du reste avec le tact d'un maître des cérémonies les égards auxquels avait droit chacun de ses cohéritiers, et l'appartement qu'il devait occuper au château.

Ainsi, MM. de Maltevert, officiers dans les armées autrichiennes, et fils du feu comte de Maltevert, mort dans l'émigration, devaient occuper la chambre rouge ; madame la comtesse Durand, veuve du général comte Durand, tué à Eylau, et cette même petite Camille de Villemur que le commandeur aimait tant, occuperaient la chambre bleue ; et ainsi de suite pour tous les collatéraux.

Or, ce soir-là, MM. les cohéritiers du commandeur étaient presque au grand complet, et maître Pandrille, debout sur le seuil de la grande salle à manger du château, les comptait du regard au moment où ils prenaient place à la table du souper.

Deux hommes de vingt-huit à trente-deux ans tenaient le haut bout de la table et portaient l'uniforme blanc de la cavalerie autrichienne.

L'un était le comte Hector de Maltevert, l'autre son frère cadet Raoul ; c'étaient ces deux jeunes garçons qui avaient si mal reçu leur oncle le commandeur à son retour de l'île de Malte.

Il y avait entre eux une grande ressemblance : même air de famille, même sourire hautain, même humeur acariâtre et querelleuse.

A côté de M. Hector de Maltevert, on voyait un bizarre personnage aussi gros que mons Pandrille, à peu près chauve, qui riait toujours, clignait de l'œil sans cesse et ne parlait jamais.

A première vue, c'était un homme dont il fallait se défier, un malin, un rusé compère ; — au fond, M. Bontemps de Saint-Christol, cousin au second degré de feu le commandeur, était un niais qui gardait le silence ne sachant trop quoi dire, et se donnait une contenance en clignant de l'œil.

A la droite de M. Bontemps de Saint-Christol, deux personnages serrés l'un contre l'autre résumaient un type assez original en réunissant leurs individualités.

C'étaient MM. de Franquépée, gentilshommes des environs de Clamecy, seigneurs de Thurigny, Corbigny et autres lieux, et neveux du commandeur à la mode de Bretagne.

M. le comte de Franquépée avait cinquante-deux ans. Il était grand, maigre et roide comme un portrait de famille, ne riait jamais, et pleurait deux fois par jour sur les malheurs de la Révolution.

Malgré ses nombreuses seigneuries, M. de Franquépée était fort pauvre, et il souhaitait fort de s'approprier le diamant.

Le vicomte de Franquépée, son frère, n'avait guère moins de la cinquantaine ; il était gros et gras autant que son frère était maigre ; il riait aussi souvent que ce dernier pleurait, et il manifestait pour son aîné un respect admiratif qui allait presque jusqu'à la niaiserie. D'un seul coup d'œil, d'un simple froncement de sourcil, le comte de Franquépée faisait trembler le vicomte son frère.

En face de MM. de Franquépée se trouvaient assis un vieillard et un jeune homme.

Le susdit vieillard était un cousin germain, par les femmes, du comte de Maltevert, et par conséquent du commandeur. Il avait émigré ; puis il était revenu, et avait été fort étonné de trouver son manoir de la Barillère dans le même état que le jour où il en était parti.

La tourmente révolutionnaire, soit hasard, soit dédain, avait respecté la gentilhommière, laissant au temps le soin de jeter bas la ruine féodale. Mais si le manoir demeurait debout, les terres environnantes avaient subi quelques avaries. On les avait vendues par-ci par-là comme biens nationaux, et M. le chevalier Arthur de la Barillère apprit avec une grande joie que son cousin le commandeur l'avait couché sur son testament.

Le chevalier était un petit vieillard grassouillet, portant lunettes et perruque blonde, de robe et non d'épée, et qui avait une secrète ambition : — être nommé procureur impérial, après avoir été magistrat sous l'ancien régime.

M. Charles de la Barillère formait, au moral et au physique, un contraste complet avec son honorable père. Il avait vingt ans, un long nez, des jambes grêles, un petit œil gris de chat, un tempérament lymphatique, un abdomen naissant et une humeur inoffensive. Sa timidité était excessive. Il s'évanouissait à la détonation d'une arme à feu, et faisait fort joliment de la tapisserie. Il avait été élevé comme une jeune fille, et n'avait lu qu'un seul roman, *Estelle et Némorin*.

M. Charles de la Barillère ne levait jamais les yeux et rougissait sans cesse.

Le huitième cohéritier était assis en face du comte de Maltevert.

M. le marquis Anatole de Posrhéac, ex-page de Sa Majesté Louis XV, avait cinquante-huit ans, mais n'en avouait que quarante-cinq. Il portait encore la queue et la poudre, ne renonçait ni au jabot ni aux dentelles, et rentrait de l'émigration comme il y était allé : — avec la même jeunesse de caractère, les mêmes préjugés, la même galanterie.

M. de Posrhéac cherchait à se marier, et il ne trouvait point que ce fût un peu tard.

Tels étaient les huit personnages qui venaient de s'asseoir à la grande table du manoir de Montmorin, et que maître Pandrille examinait du coin de l'œil avec ce fin sourire morvandiau qui signifie tant de choses.

Il semblait que l'esprit moqueur de M. de Montmorin lui-même animât la physionomie railleuse de l'intendant dont le regard semblait dire aux cohéritiers :

— Allez! allez, mes beaux messieurs, le gros lot n'est point pour vous!

Le souper promettait d'être gai et bruyant. Le choc des verres, le cliquetis de la vaisselle plate se mêlaient aux éclats de rire, attestant ainsi qu'on s'occupait beaucoup plus de l'héritage que du défunt.

La conversation roulait, on le devine, sur un thème fécond et presque inépuisable, ce diamant fameux que le commandeur avait enfoui comme une amorce dans les cachettes mystérieuses du manoir. On l'avait cherché déjà, on le cherchait, on le chercherait encore...

Et chacun pour soi, bien entendu.

Les convives, on le sait, étaient au nombre de huit, et cependant il y avait onze couverts à table.

M. le comte Hector de Maltevert en fit la remarque et se tourna dédaigneusement vers Pandrille :

— Ah çà, drôle, lui dit-il, que signifie cette plaisanterie?

— Plaît-il? fit Pandrille avec calme.

— Pourquoi onze couverts? ne sommes-nous pas tous réunis?

— Non, dit laconiquement Pandrille.

Le comte fronça le sourcil.

— Et qui donc a le droit de se venir asseoir ici! fit-il avec colère.

Pandrille était impassible et paraissait se soucier fort peu des airs hautains de l'officier autrichien.

— Il est certain, objecta le marquis de Posrhéac, que, s'il existe encore des cohéritiers, ils sont en retard.

— Dame! fit l'aîné des Franquépée, nous n'avons plus que quinze jours d'ici à l'ouverture du testament.

Et le diamant n'est pas trouvé! soupira un autre cohéritier.

M. Bontemps de Saint-Christol ne prononça pas un seul mot, fidèle à ses habitudes de mutisme, mais il cligna de l'œil d'une façon lamentable.

— Voyons, drôle, reprit l'aîné des Maltevert en menaçant Pandrille du regard, parleras tu?

— Monseigneur, répondit l'intendant, M. le commandeur, mon vénéré maître, me traitait plus poliment que vous. Et cependant je ne suis point à votre service.

— Ah! ah! fit le comte avec dépit, au service de qui es-tu donc?

— De personne, répliqua fièrement Pandrille. Je suis l'exécuteur testamentaire de M. le commandeur, et jusqu'à ce qu'il ait un héritier...

— Hein? nous le sommes tous, ses héritiers, il me semble.

— A divers degrés peut-être, monseigneur Qui sait? M. le commandeur ne vous a peut-être laissé dans son testament qu'un simple souvenir.

Et Pandrille eut un sourire qui glaça d'effroi le comte et lui fit baisser le ton.

— Or, acheva l'intendant avec un calme superbe, quand on a plusieurs maîtres, on n'en a pas.

— En ce cas, s'écria le vicomte de Maltevert avec colère, attends, mons Pandrille! Le testament ouvert, tu seras bâtonné d'importance.

— Pardon, Monseigneur, interrompit Pandrille en haussant les épaules, le testament ouvert, je ne resterai au service de personne. J'ai de quoi vivre. M. le commandeur m'a couché sur son testament.

— Ceci est plaisant, ricana Hector de Maltevert; ne vas-tu pas te proclamer cohéritier et t'asseoir à notre table?

— Ma foi! monseigneur, j'en aurais le droit, car j'ai peut-être une plus grosse part que vous dans la succession. On ne sait pas...

— Je comprends, fit le comte avec dédain, le neuvième couvert était pour ce drôle. Je suppose, messieurs, que nous ne tolérerons point semblable insolence.

— Votre seigneurie se trompe et me juge mal, je n'ai pas la prétention de m'asseoir à sa table. Aussi ce neuvième couvert, pas plus que les deux autres, n'est pour moi.

— Pour qui donc est-il?

— Pour madame la comtesse Durand, répondit Pandrille avec dignité.

— Plaît-il? fit le vicomte.

— Madame la comtesse Durand, reprit Pandrille, est la veuve du général de division comte Durand, tué à Eylau, l'année dernière.

— Une femme qui s'est mésalliée en épousant un général de Bonaparte! s'écria le comte, une femme qui déshonore notre famille!

— Cela ne l'empêchera point d'hériter, dit froidement Pandrille.

— Hé! monsieur mon cousin, interrompit le marquis de Posrhéac qui venait de dresser l'oreille au simple mot de veuve, le général était un héros. Et puis... ne faut-il point marcher avec son siècle?

— J'espère qu'elle ne viendra pas s'exposer à nos regards, au moins, murmura M. de Maltevert furieux.

— Monsieur le comte se trompe, dit Pandrille. Madame la comtesse doit arriver au premier jour.

Bontemps de Saint-Christol cligna de l'œil d'une façon indécise. Bien malin eût été celui qui eût pu affirmer si cette nouvelle lui était agréable ou désagréable.

— Et les deux autres couverts? interrogea Raoul de Maltevert.

— Pour M. Jean et mademoiselle Madeleine.

— Des bâtards! exclama le comte.

Un murmure d'indignation circula parmi les cohéritiers.

— Tiens! fit tranquillement Pandrille, pourquoi pas?

— Ils ont eu leur part. Le commandeur a donné au bonhomme Guillaumer la ferme du Val Fourchu.

— Ce n'est point assez, paraît-il. Mademoiselle Madeleine est au couvent; elle doit arriver demain. Quant à M. Jean, il chasse, dit Pandrille avec un calme stoïque.

MM. de Maltevert, qui représentaient la fraction pure, énergique et violente des cohéritiers, allaient sans doute éclater en bruyants reproches sur la mémoire du commandeur, lorsque la porte s'ouvrit à deux battants.

— Madame la comtesse Durand! annonça Pandrille d'une voix sonore.

Une femme de vingt-cinq à vingt-huit ans entrait, en effet, dans la salle à manger.

La comtesse était grande, svelte, d'une merveilleuse beauté, et sa démarche noble et fière trahissait tout l'orgueil de sa race.

Elle donnait la main à un homme de trente à trente-deux ans, dont le costume annonçait un militaire de l'école impériale, et dont le visage basané était énergiquement accentué par une moustache noire retroussée au coin des lèvres.

Madame Durand salua les cohéritiers avec une grâce et une noblesse parfaites.

— Bonjour, mes cousins, dit-elle; mille pardons d'arriver aussi tard.

Mais, en prononçant ces mots, la comtesse leva les yeux sur Hector de Maltevert, qui la regarda pareillement, et tous deux reculèrent d'un pas, frappés de stupeur. Le comte était devenu subitement d'une pâleur étrange, et madame Durand lui avait jeté soudain ce regard de mépris superbe dont les femmes ont coutume d'envelopper l'homme dont elles ont dédaigné l'amour.

Mais ce trouble, cette pâleur, cette reconnaissance muette, tout cela fut l'affaire de quelques secondes, et nul n'y prit garde, pas même l'officier qui accompagnait la comtesse.

Puis un regard, un seul, fut mystérieusement échangé entre eux ; ce regard était comme une trêve, un armistice, et les deux cousins se saluèrent comme s'ils ne s'étaient jamais vus

Avant d'aller plus loin, faisons un pas en arrière, et disons quels événements avaient précédé l'arrivée de la comtesse à Montmorin.

II

Le même jour, vers quatre ou cinq heures de l'après-midi, une chaise de poste roulait au galop sur la route de Tonnerre à Avallon, et, laissant cette dernière ville à droite, venait de s'arrêter à un petit relais de poste que nous désignerons par l'initiale C...

Deux personnes occupaient l'intérieur de la berline de voyage, un laquais et une femme de chambre étaient sur le siège. Les deux personnages n'étaient autres que le commandant Oscar de Verteuil et la comtesse Durand.

Madame Durand avait appris, au fond de l'Allemagne, la mort de son oncle le commandeur, et elle arrivait la dernière.

Qu'on nous permette, en quelques lignes, de faire l'histoire de cette charmante petite Camille, qui avait jeté ses bras d'albâtre au cou du vieux chevalier de Montmorin lors de sa visite au château d'Arcy, et lui avait laissé un si bon souvenir.

Quand arriva la révolution, M. de Villemur, qui était peu aimé de ses vassaux, se hâta d'émigrer, et alla s'établir en Allemagne, aux environs de Vienne. Ce fut là que la petite Camille devint une jeune personne charmante, qui avant jeté ses bras d'albâtre au cou du vieux chevalier de Montmorin lors de sa visite au château d'Arcy. A dix-huit ans, mademoiselle de Villemur n'avait qu'à choisir pour épouser un gentilhomme allemand de grande fortune et de bonne maison. Mais Camille était Française ; elle se prononça en disant qu'elle n'épouserait jamais qu'un Français. Le comte mourut ; la révolution l'avait ruiné. Camille demeura en Allemagne avec sa mère dans une position de fortune voisine de la médiocrité, et les deux nobles dames eurent même recours plusieurs fois à des travaux d'aiguille pour subvenir à leurs besoins.

Camille avait vingt ans lorsque la première armée française pénétra au cœur de l'Allemagne. Un officier de fortune, le colonel Durand, fut chargé d'occuper la petite ville qu'habitaient la baronne de Villemur et sa fille.

Il vit ces dames, les traita avec les plus grands égards, et s'éprit de la jeune fille.

Le colonel était sans naissance, mais il s'était couvert de gloire. Napoléon fier de son amitié, et il pouvait dire avec quelque orgueil qu'il était le premier de son nom.

Il offrit sa main à Camille avec cette éloquente et loyale franchise du soldat, et Camille, dont le cœur battait d'enthousiasme au bruit du canon de la France, cette chère patrie dont elle n'avait jamais perdu le souvenir sacré. Camille accepta la main du soldat, et consentit à changer son vieux nom pour le nom glorieux et roturier du colonel.

Napoléon, devenu empereur, applaudit comme toujours à cette union d'un vieux sang noble et d'une femme si plébéien ; le colonel Durand devint général, puis comte, et la fille de Maltevert, tout en conservant au fond de son cœur un pieux attachement pour les rois de ses pères, se décida à paraître à la nouvelle cour, dont elle fut bientôt une des femmes les plus à la mode et les plus justement respectées.

Le général avait un aide de camp, le vicomte Oscar de Verteuil, un jeune homme de vieille roche que le prestige de la gloire française avait entraîné sous les drapeaux comme simple volontaire.

Capitaine à vingt-quatre ans, aide de camp du général, Oscar de Verteuil n'avait pu voir la comtesse, qui était d'une merveilleuse beauté, sans ressentir pour elle un violent amour, qu'il osa, un jour, lui avouer.

Madame Durand était aussi vertueuse que belle ; elle tendit la main au jeune homme, et lui dit :

— Mon mari vous aime comme son frère, voulez-vous que je sois votre amie, votre sœur ?

Le jeune officier s'agenouilla devant elle, et lui jura de se guérir et d'oublier son coupable amour. Et il tint parole, et bientôt il en arriva à regarder la comtesse comme sa sœur.

Si bien qu'à la mort du général, qu'un boulet emporta à Eylau, M. le vicomte de Verteuil, qu'on aurais pu demander la main de la comtesse, n'y songea point, et continua à ne voir en elle que la veuve de son ami, une sœur aimée à laquelle appartenait tout son sang.

Une intimité de trois ans avait tué en eux, — en elle aussi bien qu'en lui, — la possibilité de toute pensée d'amour. Ils étaient frère et sœur, rien de plus.

C'était donc à ce simple titre que M. de Verteuil accompagnait à Montmorin la comtesse qui revenait de cette petite ville allemande où reposait le corps de son père, et où elle accomplissait chaque année un pieux pèlerinage.

La chaise de poste venait donc de s'arrêter au petit relais de poste de C..., et ce relais était le dernier, car de C... à Montmorin, bien qu'il n'y eût plus qu'une faible distance, la route était impraticable aux voitures.

— Madame, dit le maître de poste à la comtesse, il est tout à fait impossible que vous songiez à continuer votre voyage en poste ; il faut monter à cheval.

— Qu'à cela ne tienne, dit-elle en souriant.

La comtesse était excellente écuyère.

— Mais je n'ai plus que deux chevaux, objecta le maître de poste.

— Eh bien ! mon laquais et ma femme de chambre resteront ici jusqu'à demain.

La perspective de l'auberge était affreuse, et madame Durand préférait de beaucoup quelques heures de voyage la nuit, par des chemins mal frayés, à ce gîte inhospitalier.

— Quelle distance y a-t-il d'ici à Montmorin ? demanda-t-elle.

— Trois lieues de pays, c'est-à-dire quatre heures de marche à cheval.

— Nous arriverons à huit heures, en ce cas.

— A peu près, madame.

— Eh bien, sellez les chevaux ; alors nous irons souper à Montmorin.

— Madame, dit le maître de poste, au moment où la comtesse montait à cheval, les dernières pluies ont défoncé les chemins. Celui de Montmorin est mauvais.

— Peut-on se tromper ?

— Non, jusqu'au gué du Saut-du-Loup.

— Qu'est-ce que ce gué ?

— C'est l'endroit où l'on passe le Cousin. Les chevaux, en cet endroit, ont de l'eau jusqu'au ventre ; mais il ne faut pas se tromper.

— Ah ! fit la comtesse.

— Un peu plus bas, continua le maître de poste, il y a un tourbillon dangereux. Si vous passiez l'eau, à cent mètres en aval, vous seriez perdue.

— Diable ! murmura le commandant.

— Cependant, reprit l'aubergiste, il n'y a pas à s'y tromper. Le chemin arrive en face du gué et un vieux hêtre planté sur la rive opposée sert de jalon.

— Très bien. Nous serons prudents.

— D'ailleurs, acheva l'aubergiste, il fait clair de lune à huit heures.

Sur ces indications, madame Durand et son compagnon poussèrent leurs chevaux et prirent la route de Montmorin. Cette route qui n'était, à vrai dire, qu'un mauvais sentier communal défoncé par les dernières pluies, suivait, jusqu'au Cousin, les méandres d'une de ces petites vallées sauvages comme il en foisonne en Morvan, et qui sont couvertes de vastes forêts.

Les deux voyageurs chevauchèrent pendant deux heures sans rencontrer âme qui vive, et la nuit les surprit. Ce fut alors qu'ils furent croisés par un bûcheron qui portait un fagot de gaulis sur sa tête.

— Sommes-nous bien loin de Montmorin ? lui demanda le commandant ?

— Une lieue encore, not' monsieur. Mais dame ! ajouta le bûcheron, si vous êtes pressé, faut prendre garde !

— Et pourquoi, s'il vous plaît ?

— Parce qu'il fait nuit, et qu'avec la nuit il ne fait pas bon marcher.

— Imbécile !

— Faut se garer du Saut-du-Loup !

— Qu'est-ce que le Saut-du-Loup ? demanda madame Durand peu satisfaite de la première définition que lui en avait donnée le maître de poste.

— Madame, répondit le bûcheron, c'est toute une histoire, et c'est long à dire.

— Mais encore ?

— Ah ! fit le madré paysan, si j'avais pas trois lieues à faire, je vous la dirais bien, à preuve même que ça donnerait à la lune le temps de se lever.

— Eh bien, dit la comtesse en lui jetant un écu, voilà pour votre peine.

C'était ce que le drôle demandait indirectement, et il posa son fagot au revers d'un fossé et s'assit dessus, tandis que la comtesse arrêtait sa monture et que le commandant l'imitait.

— Faut vous dire, narra alors le bûcheron, qu'au temps jadis, le diable causait grand ravage en ces *climats*. Si on l'eût laissé faire, il eût damné tout le pays morvandiau, et même qu'il s'était introduit, sous la forme d'un grand loup, dans un couvent de filles, qu'on a détruit au temps des guerres pour la religion.

Le loup entré dans la bergerie, c'était la perdition du couvent si on l'y laissait. Mais l'évêque d'Autun, de qui le couvent relevait, apprit cela, et comme il était grand chasseur, il jura qu'il forcerait la maudite bête, dût-il la courir toute l'éternité.

— Tiens ! murmura la comtesse en souriant, la légende est au moins fort originale.

— Quand il eut pris cette belle résolution, continua le bûcheron, l'évêque rassembla tous les veneurs et toutes les meutes de son diocèse, et un matin on attaqua la bête de chasse au pied levé.

Les chiens furent découplés dans le couvent même où le satané loup avait établi son fort, et il fut bien obligé de déguerpir devant eux.

L'évêque montait un excellent cheval, et il appuyait les chiens de vigoureux bien-aller.

Seulement, au lieu d'un fouet de chasse, Sa Grâce portait un goupillon trempé dans l'eau bénite.

Le loup s'en alla d'abord tranquillement devant les chiens et piqua droit vers le Nivernais, puis il comprit qu'on voulait le forcer, et il passa la Loire. Mais les relais étaient bien placés, l'évêque infatigable, et la grâce de Dieu lui donnait des forces.

Le loup fut couru nuit et jour pendant une semaine, il s'en alla en Berry et traversa la Creuse. Les chiens ne lâchaient pas, et le bon Dieu semblait leur avoir fait pousser des jarrets d'acier.

Alors la maudite bête songea à revenir au lancer. Mais quand elle atteignit le Cousin ses forces étaient épuisées, et les deux chiens de tête le saisirent au milieu de l'eau, l'un par l'oreille droite, l'autre par l'oreille gauche.

Le loup poussait des hurlements effrayants et essayait de gagner la berge. Ce fut alors que l'évêque arriva.

Son cheval avait perdu pied et nageait. Le saint homme jugea inutile de tirer la bête, d'autant plus qu'on ne saurait tuer le diable, — mais il lui asséna deux coups de goupillon sur la tête, et le loup plongea, fit un trou au fond de la rivière et s'en retourna en enfer.

Mais le trou ne se referma point, et depuis lors il y a là un tourbillon qui engloutit tout ce qui en approche.

— Bravo ! murmura le conteur, inséré Oscar de Verteuil.

— Voilà l'histoire, mon bon monsieur et ma bonne dame, acheva le bûcheron en reprenant son fagot. Bon voyage, et prenez garde ! Mais il y a un hêtre, au droit du gué, vous le reconnaîtrez bien, et vous aurez, faut-il espérer, autant de bonheur que le monsieur qui a passé là ce matin.

— Ah ! il a passé un monsieur ce matin ?

— Un beau monsieur qui allait à Montmorin. Même qu'ils étaient deux.

— Ah !

— Et hier donc ?

— Hier aussi ?

— Oui, deux autres.

— Je ne croyais pas, murmura le commandant, que votre oncle eût tant d'héritiers. Voyons, hâtons-nous.

— Ils vont me dépoétiser mon manoir, soupira la comtesse.

— Bah ! répondit Oscar, à tout roman il faut des personnages ; plus il y en a, plus le roman est embrouillé.

La comtesse fouetta son cheval, et tous deux continuèrent leur route.

La vallée s'était élargie peu à peu, et bientôt ils arrivèrent au bord du Cousin, qui coulait avec toute l'impétuosité d'un torrent.

La lune n'était point levée encore. Cependant, malgré l'obscurité, on apercevait le hêtre signalé par l'aubergiste et le bûcheron, sur la berge opposée de la rivière.

— Comtesse, dit le commandant, il serait plus prudent, peut-être, d'attendre le clair de lune.

— Bah ! je vois le hêtre.

— Cependant..., murmura Oscar, agité d'un sinistre pressentiment.

— Qui m'aime, me suive, répondit la jeune femme en riant.

Et elle poussa son cheval dans l'eau.

— Ainsi soit-il, dit le commandant ; ce que femme veut, Dieu le veut !

— Il leva les yeux vers l'horizon. A quelques centaines de toises de lui, une masse noirâtre se découpait sur le bleu sombre du ciel, perchée sur un roc et éclairée çà et là de quelques lumières brillant comme des phares dans la nuit obscure.

C'était le château de Montmorin.

Le Cousin roulait entre le sentier et le manoir.

Le commandant poussa son cheval et suivit la comtesse qui stimulait le sien avec l'intrépidité qui formait la base de son caractère.

Les chevaux foulèrent d'abord du gravier semé de grosses pierres, et ils eurent de l'eau jusqu'à mi-jambe.

Madame Durand piquait droit devant elle, les yeux fixés sur le hêtre ; mais tout à coup son cheval enfonça jusqu'au poitrail, puis il perdit pied, et la jeune femme poussa un cri.

Le hêtre qu'elle avait aperçu n'était point celui qu'on lui avait désigné.

Le commandant enfonça l'éperon aux flancs de sa monture et voulut la rejoindre, — mais le cheval, obéissant à l'instinct suprême et dominateur de la conservation, endura la douleur, et, plus vigoureux que celui de la comtesse, il cessa d'obéir à la bride, nagea résolument vers la rive opposée en dépit des efforts de M. de Verteuil, qui essayait de rejoindre sa compagne, dont la monture épuisée était entraînée par le courant.

Le commandant vit et comprit l'imminence du danger, et comme son cheval, qui venait de reprendre pied sur la rive opposée, en obéissant de nouveau, il le força à rentrer dans l'eau, essayant de rejoindre la jeune femme que le courant maintenait au milieu de la rivière, et qui essayait de la faire rompre à sa monture.

Le terrible Saut-du-Loup tourbillonnait à quelques centaines de mètres plus bas, et si la comtesse ne parvenait à gagner la berge, elle était perdue !

Mais le courant était rapide, la nuit obscure, et la comtesse n'apparaissait déjà plus à son compagnon que semblable à une masse noire entraînée rapidement vers le tourbillon.

La masse fuyait et s'éloignait ; de seconde en seconde elle se rapprochait du gouffre, et le commandant suivait ce point noir, ensanglantant les flancs de son cheval, qui semblait deviner qu'il courait à la mort.

L'espace qui le séparait de la comtesse s'élargissait à mesure, et le gouffre était proche. On l'entendait mugir sourdement, et la comtesse, cramponnée à sa selle, n'avait plus la force de crier.

Le commandant eut le vertige, une sueur glacée perla à son front...

La comtesse était perdue !

Et la masse fuyant toujours devant lui, pareille à ces feux follets qu'on s'acharne vainement à poursuivre dans la plaine pendant une nuit d'été, et puis elle disparut...

Et Oscar de Verteuil ne vit et n'entendit plus rien que le murmure du gouffre dominant à présent tous les bruits, tant il était proche.

Le commandant perdit la tête, il laissa flotter les rênes sur le col de son cheval et ferma les yeux.

Lui aussi courait volontairement au gouffre !

Au gouffre béant ouvert devant lui, au fond duquel déjà peut-être la malheureuse jeune femme était couchée meurtrie et inanimée.

Mais à peine eut-il rendu la main à sa monture, que celle-ci, pointant les oreilles, se sentant libre, et frémissante comme si elle eût tout deviné, fit un suprême effort et prit pied de nouveau.

Le commandant était sauvé !

Puis, au même instant un cri se fit entendre, un cri de joie, de triomphe ! Et comme s'il fût sorti d'une horrible léthargie, M. de Verteuil plongea de nouveau son regard vers le sombre horizon, essayant de pénétrer l'épaisseur des ténèbres...

Il ne vit rien !

La rivière continuait à couler, le tourbillon à mugir, et le cheval du commandant piaffait sur la rive.

Mais sur cette même rive, plus loin, à deux cents pas, et presque au niveau du tourbillon, un homme rayonnant et fier tenait dans ses bras quelque chose de chancelant.

C'était la comtesse, la comtesse vivante !

Au moment où les deux voyageurs entraient dans l'eau et croyaient avoir trouvé le gué du Cousin, un homme était assis, un fusil à la main, sur un rocher, de l'autre côté de la rivière.

Lorsque le cheval de madame Durand perdit pied, cet homme devina le danger qu'elle courait et se jeta résolument à l'eau, se laissant emporter par le courant. A cent pas du tourbillon, il y avait un rocher que l'eau battait en passant. Nager jusque-là, s'y cramponner, attendre au passage monture et cavalier, tout cela fut l'affaire de quelques minutes; et lorsque la jeune femme vint se heurter contre le roc, une main vigoureuse la saisit, tandis que son cheval, se dérobant sous elle, allait, quelques secondes après, disparaître au fond du gouffre.

L'intrépide inconnu serra alors fortement son fardeau, le tenant par les cheveux, le renversa sur son épaule et se rejeta à l'eau bravement, nageant d'une seule main, soutenant de l'autre celle qu'il venait de sauver.

Ce fut en mettant le pied sur la rive, en déposant sur l'herbe la comtesse évanouie qu'il poussa alors ce cri de joie et de triomphe qu'entendit le commandant.

III

Laissons la comtesse Durand évanouie aux bras de son sauveur, et disons quelques mots d'un personnage important de notre récit.

Nous voulons parler du fils de M. de Montmorin et de Rose Guillaumier.

La belle paysanne, on s'en souvient, avait épousé secrètement son seigneur, et bien que la révolution fût arrivée et eût rompu la digue des préjugés aristocratiques, le mariage était demeuré secret.

Jean et Madeleine vinrent donc au monde aux yeux de tous, du moins, par la porte mystérieuse de l'amour; et hormis Pandrille, Guillaumier, deux vieux serviteurs qui moururent avant le commandeur, et le chapelain de Montmorin, nul ne sut, quand Rose mourut, qu'elle aurait eu le droit de porter le nom de son noble époux. Cependant nul ne peut douter que les deux enfants ne fussent du sang des Maltevert. Madeleine ressemblait fort à sa mère, mais Jean était la vivante image du commandeur.

A la mort de ce dernier, Pandrille qui aimait le jeune homme comme il eût aimé son propre fils, et qui était dans le secret des vengeances de son vieux maître, prit Jean à part et lui dit :

— Mon enfant, il faut quitter le château où chaque salle vous rappellerait trop votre père et éterniserait votre douleur.

— Quitter le château ! s'écria-t-il.

— Tenez, mon jeune maître, j'ai déjà fait disposer pour vous le petit pavillon du parc dont une porte donne sur la forêt. Vous y serez à ravir.

Jean regarda Pandrille avec défiance. Le bon intendant renonça à dissimuler plus longtemps.

— Au diable les prétextes ! dit-il. Vous êtes un homme, monsieur Jean, et vienne la Pâque prochaine, vous aurez vingt-deux ans. Donc on peut tout vous dire.

— Parle.

— Le commandeur, votre honoré père, a fait un drôle de testament.

— Ah ! fit Jean avec indifférence.

— Je le connais, moi, mais je ne puis pas vous dire ce qu'il contient ; seulement, soyez persuadé d'une chose, c'est que vous et mademoiselle votre sœur avez le gros lot. Maintenant il y a d'autres héritiers, des neveux, des cousins, un tas de gens qui ont fermé leur porte à M. le commandeur quand ils le croyaient pauvre, et à qui il fermera peut-être la sienne par son testament.

Cet exorde débité, Pandrille eut recours à toute sa rouerie de valet, à toute sa finesse éloquente de Morvandiau pour faire comprendre à Jean que jusqu'à l'heure où le testament serait ouvert, il pouvait être exposé aux dédains et même aux outrages des fiers cohéritiers du commandeur, et que le plus sage parti à prendre était d'éviter toute querelle.

Jean était un garçon d'esprit, et comme il avait un grand respect pour la mémoire de son père, il pensa que le commandeur lui parlait une dernière fois, sans doute, par la bouche de Pandrille, et il se retira dans le petit pavillon du parc avec le bonhomme Guillaumier, qui depuis longtemps vivait au château.

Madeleine, la sœur de Jean, une belle jeune fille que nous verrons apparaître dans la suite de cette histoire, se trouvait alors dans un couvent des environs d'Avallon, où elle achevait son éducation.

Quand les cohéritiers arrivèrent, le fils du commandeur échangea avec eux un froid salut et de banales politesses, se tint sur une réserve excessive, et évita avec soin de paraître au château.

Jean était brave, cependant, et il était de force à corriger la moindre insolence.

Aussi MM. les héritiers du commandeur et les Maltevert eux-mêmes, enchantés de cette retraite volontaire de leur ennemi, ne jugèrent nullement nécessaire de lui chercher noise.

L'existence du jeune homme, du reste, était tout extérieure. Il passait sa journée dans les bois, un fusil sur l'épaule, ne rentrait qu'à la nuit tombante et repartait le lendemain au point du jour.

Or, on le devine, c'était lui qui venait d'arracher la comtesse Durand à une mort certaine.

La comtesse était évanouie, mais elle rouvrit les yeux presque aussitôt après l'arrivée du commandant, se souvint et devina que l'inconnu qu'elle avait devant elle était son sauveur.

La scène d'explications, de remerciements qui suivit est facile à comprendre, et la comtesse, tout à fait remise de sa frayeur, finit par s'appuyer sur le bras de Jean pour gagner Montmorin, auquel on parvenait par un petit sentier.

Du bord du Cousin au manoir, il y avait un quart de lieue à peine; et la comtesse préféra accomplir ce faible trajet à pied, plutôt que de prendre le cheval du commandant, car le sien, on s'en souvient, avait été emporté par le courant au fond du tourbillon.

En ce moment la lune se levait, et curieuse comme toutes les femmes, la comtesse enveloppa d'un regard rapide celui à qui elle devait la vie.

C'était un jeune homme de vingt-deux ans, grand, beau, bien fait, taillé sur le modèle de l'Antinoüs antique, et le front couronné d'une magnifique chevelure aussi noire que l'aile lustrée d'un corbeau.

Son costume était d'une simplicité rustique et ressemblait de tous points à celui des gardes-chasse; une veste de velours d'un gris mastic, une culotte de peau de daim recouverte jusqu'au genou par de grandes guêtres de cuir, un chapeau à larges ailes : c'était tout.

Le jeune homme portait en outre une carnassière et un fusil à double coup.

Mais madame Durand n'était point femme à s'y tromper. Son sauveur était un homme de race, on le devinait à son sourire tranquille et fier, au pli autrichien de sa lèvre, à la courbe aquiline de son nez, à la finesse de ses mains d'une blancheur et d'une pureté de formes aristocratiques.

Et, pour la première fois, le cœur de la jeune femme, qui n'avait jamais battu d'amour, éprouva un singulier tressaillement; et elle s'avoua, malgré elle, que jamais aucun homme n'avait produit instantanément sur elle une semblable impression.

Sa main trembla légèrement, appuyée sur son bras, et elle éprouva une émotion indicible en lui adressant cette question banale :

— Habitez-vous Montmorin, monsieur ?

— Oui, madame, répondit Jean.

— Depuis... longtemps ?

— J'y suis né.

La comtesse tressaillit à ces mots, et elle se souvint que pendant son enfance, avant la Révolution, elle avait ouï parler de fredaines de son vieil oncle le commandeur, qui s'était avisé de devenir père à cinquante ans bien sonnés.

— Peut-être, murmura-t-elle avec une certaine émotion, êtes-vous l'un des héritiers de M. de Montmorin.

— On le dit, répondit-il simplement, mais je n'en sais trop rien.

— Comment ! fit-elle, vous n'en savez rien ?

— Ah! dame ! murmura Jean, le testament de mon père n'est point ouvert encore...

Une vive rougeur monta au front de la jeune femme; ses soupçons se changèrent en certitude.

Et alors elle rompit brusquement les chiens, comme on dit, et changea le thème de la conversation.

— Savez-vous, lui demanda-t-elle, si mes cousins sont arrivés à Montmorin.

— Vos cousins ? fit Jean étonné et non moins ému que la comtesse.

— Oui, dit-elle, je suis madame Durand, née de Villemur, la nièce de... votre père.

Jean tressaillit de joie.

Lui aussi avait enveloppé la comtesse d'un regard, et il avait ressenti un trouble inconnu.

— Il y a, dit-il, sept ou huit personnes au château.

— Les connaissez-vous ?

— Je les vois tous, dit-il fièrement.

La comtesse devina ce que devait souffrir son sauveur de sa position illégale; et une fois encore, elle détourna l'entretien.

— Vous reveniez de la chasse, je crois ? demanda-t-elle.

— Oui, m'dame.

— Avez-vous été heureux ?

— J'ai tué deux faisans et un brocard ; les faisans sont dans ma carnassière, quant au brocard, je l'ai pendu à un arbre pour le préserver des renards, et je l'enverrai chercher demain au point du jour.

Au moment où il achevait, Jean s'arrêta devant un petit pavillon à l'intérieur duquel brillait une lumière.

Ce pavillon, situé à l'extrémité du parc, était relié au manoir par une grande allée de marronniers, à l'extrémité de laquelle on apercevait le perron.

— Vous voyez le château d'ici, dit-il. Adieu, madame, bonsoir...

— Quoi ! fit la comtesse, vous ne m'accompagnez pas ?

Jean se prit à sourire.

— Je n'habite plus le château, dit-il ; et depuis que ces messieurs y sont, je n'y ai plus mis les pieds.

Madame Durand comprit cette humilité fière, et n'insista pas.

Seulement, elle regarda une fois encore ce beau jeune homme si simple et si triste, qui avait dans ses veines du noble sang des Maltevert ; et s'élevant un moment au-dessus des rancunes et des préjugés de famille, elle songea qu'il l'avait arrachée à la mort, et lui tendit la main :

— Adieu, *mon cousin !* dit-elle.

Jean frissonna de la tête aux pieds et la salua ne trouvant pas un seul mot à répondre.

La comtesse reprit le bras du commandant, qui avait constamment cheminé derrière elle tenant son cheval par la bride ; et elle lui dit, en se dirigeant vers le manoir :

— Savez-vous que ce jeune homme est la vivante image du commandeur ?

— Il y a de la race, reprit M. de Verteuil ; et c'est vraiment dommage qu'il n'en puisse porter le nom.

La comtesse soupira, et l'émotion inconnue qui s'était emparée d'elle quelques minutes auparavant la reprit.

Elle plaignait du fond de son cœur la naissance illégale de Jean, et une lutte s'élevait en elle entre la sympathie de la femme et la fierté de la grande dame qui ne saurait tolérer les infractions à la sainte loi de la famille.

Nous avons vu madame Durand entrer dans la salle à manger, où les cohéritiers se trouvaient réunis ; nous avons assisté à cette mystérieuse et muette reconnaissance de la comtesse et de son cousin Hector de Maltevert, que jusque-là elle croyait n'avoir jamais vu ; et nous savons avec quelle promptitude tous deux reprimèrent le trouble et l'embarras qui s'en étaient suivis.

Le comte Hector, le premier, rompit le silence.

— Madame, dit-il avec une politesse glaciale, votre couvert est mis depuis mon arrivée ; veuillez me faire l'honneur de prendre ma droite.

— Auparavant, répondit la veuve, permettez-moi, monsieur mon cousin, de vous présenter M. le vicomte Oscar de Verteuil, chef d'escadron de hussards et ancien aide de camp de feu M. le général Durand.

Le comte s'inclina et laissa glisser sur ses lèvres un ironique sourire : — Monsieur serait-il pareillement héritier ? demanda-t-il.

— Non, répondit froidement la comtesse ; M. de Verteuil est mon ami, et a bien voulu me servir de chevalier.

— Mais, reprit dédaigneusement le comte, j'ai eu le plaisir déjà de voir monsieur à Vienne, je crois...

— C'est possible, monsieur le comte, répondit le commandant. Et... en effet, je crois avoir eu l'honneur de vous charger à Austerlitz, où j'ai fait prisonnière l'armée autrichienne en qualité de capitaine. Je vous ai même tué dix hommes avec mon escadron.

— Ah ! fit le comte avec dépit, vous croyez ?

— Oh ! j'en suis certain, monsieur. J'ai la mémoire fidèle à l'endroit des victoires de la France.

Les deux jeunes hommes croisèrent un regard acéré comme la pointe d'une épée. Un mot les avait fait ennemis irréconciliables.

— Voudriez-vous, monsieur mon cousin, interrompit la comtesse qui voulait arrêter, dès le début, toute querelle politique, me présenter nos cousins et parents ?

Le comte s'inclina.

— M. le vicomte Raoul de Maltevert, mon frère, dit-il.

M. le chevalier Arthur de la Barillère, notre cousin.

M. Charles de la Barillère, son fils.

M. le comte et M. le vicomte de Franquépée.

Le marquis de Nosrhéac, notre cousin par les femmes ; M. Bontemps de Saint-Christol, notre parent à la mode de Bretagne.

La comtesse s'inclina gracieusement à chaque nom et prit la main que lui offrait Hector de Maltevert pour passer à table.

— Monsieur de Verteuil, dit-elle, vos fonctions de cavalier servant vous obligent à vous asseoir près de moi. Messieurs, je vous en prie, reprenez votre conversation, que j'ai malencontreusement interrompue.

Mais la conversation s'était éteinte comme par miracle. Le froid accueil fait par les Maltevert à la comtesse, à qui, du reste, son mariage avec le général Durand avait aliéné toute sa famille, imposa aux autres cohéritiers, et le souper s'acheva au milieu d'un silence et d'une contrainte auxquels la comtesse mit un terme en se retirant dès dix heures dans son appartement. Elle avait gardé le silence sur le danger qu'elle avait couru une heure auparavant.

Elle avait pris congé de MM. les cohéritiers, souhaité le bonsoir à M. de Verteuil, et suivi maître Pandrille, qui la conduisit, triomphant et avec la dignité qui sied à un exécuteur testamentaire, à la chambre bleue.

Aussi, le bon Pandrille, qui avait la mémoire du cœur et se souvenait de l'accueil que la petite Camille fit au vieux chevalier de Montmorin ; — le bon Pandrille, disons-nous. avait mis tous ses soins à rendre cette pièce la plus luxueuse et la plus confortable du château.

S'il avait reçu les autres héritiers avec une mine froide et rechignée, héritant ainsi des rancunes du commandeur, il fit à la comtesse cette réception affectueuse et tendre des vieux domestiques pour leur jeune maître ; que, se laissant aller à cette familiarité des serviteurs d'autrefois, il s'oublia pendant plus d'une heure à causer avec madame Durand, lui parlant de feu M. le commandeur.

— Ah ! madame, avait commencé le bonhomme ému, combien il me tardait de vous voir !

— En vérité, cher monsieur Pandrille.

— Pandrille tout court, madame, Pandrille, votre vieux serviteur qui vous prenait sur ses genoux quand M. le commandeur m'envoyait au château d'Arcy.

— Excellent Pandrille !

— Voyez-vous, madame la comtesse, poursuivit le digne intendant, jusqu'à aujourd'hui il n'y avait plus de maîtres à Montmorin.

— Comment ! plus de maîtres ?

— Hé ! sans doute, dit-il d'un air fin ; tous ces beaux messieurs ne sont pas mes maîtres, et s'ils connaissaient comme moi le testament de M. le commandeur, ils feraient peut-être la grimace...

— Oh ! pensa la comtesse. mon oncle a fait un singulier codicille ; aurait-il rêvé une mystification d'outre-tombe ?

— Pour moi, murmura Pandrille, il n'y a réellement que trois maîtres de Montmorin.

— Trois ? fit-elle.

— Vous, d'abord.

— Et puis ?

Pandrille cligna de l'œil d'un air madré.

— Ah ! dit-il, si je pouvais parler, j'en apprendrais de drôles à madame la comtesse, mais j'ai juré .. Pandrille est un honnête homme, il n'a que sa parole...

Un singulier soupçon vint à l'esprit de la comtesse, elle se demanda si, par hasard, M. de Montmorin n'aurait pas secrètement épousé, pour les légitimer, la mère de Jean et de Madeleine.

— Hé ! hé ! continua Pandrille, le commandeur ménage peut-être une fameuse surprise à ses héritiers... Oh ! pas à vous, madame, pas à vous ! il vous aimait, le digne homme ; et quand on prononçait votre nom, les larmes lui venaient aux yeux.

— Pauvre oncle ! murmura la comtesse émue.

— Je me souviens même, acheva l'intendant, qu'un jour il disait à M. Jean, ce noble jeune homme, allez : — Mon enfant, si jamais ta cousine Camille te demandait ton sang jusqu'à la dernière goutte...

— Il disait *ta cousine*, interrompit vivement la comtesse, étonnée que le commandeur eût pu oublier ainsi toute retenue.

— Ah ! fit naïvement Pandrille, peut-être avait-il des raisons pour cela. Mais chut ! je ne puis rien dire...

La comtesse congédia Pandrille et se mit au lit toute pensive.

IV

Lorsque madame Durand eut quitté la salle à manger, tous les cohéritiers, à l'exception du comte Hector, levèrent la tête, et chacun essaya de risquer un commentaire, un blâme ou un éloge, selon son sentiment, sur cette femme étrange qui voyageait en compagnie d'un officier.

Mais le comte Hector les interrompit brusquement en leur disant :

— Messieurs mes cousins, il est près de onze heures, une heure fort honnête pour gagner son lit.

Hector de Maltevert inspirait une sorte de terreur secrète aux cohéritiers, qui avaient coutume de lui obéir.

Aussi quittèrent-ils tous la salle à manger, se dirigeant vers leurs appartements respectifs, tandis que le comte prenait le bras de son frère et l'entraînait dans le parc.

— Ami, lui dit-il, sortons d'ici... j'étouffe...

Raoul tressaillit, regarda son frère et s'aperçut alors qu'il était pâle comme un spectre, et que ses dents serrées attestaient d'une émotion violente.

— Mon Dieu ! s'écria le vicomte, qu'as-tu donc, mon frère ?

— Je crois que je vais mourir... murmura-t-il d'une voix étrangée. Je me suis contenu, dominé, vaincu pendant une heure, mais à présent, voici la réaction... Ma tête brûle et mon cœur est glacé... C'est ELLE !

— Qui, elle ? interrogea Raoul.

— La femme de la Forêt-Noire. Margarita !

— La comtesse !

— Oui...

Hector prononça ce dernier mot d'une voix si faible, que Raoul crut qu'il avait dit vrai, et qu'en effet il allait mourir.

Mais comme il songeait à appeler du secours, le comte l'arrêta d'un geste et reprit :

— N'appelle pas... je commence à respirer... ce ne sera rien... Ah ! quelle émotion !

Et puis il continua avec une subite véhémence :

— Oh ! c'est que tu ne sais pas combien je l'ai aimée...

— Non, murmura Raoul qui prit les mains de son frère dans les siennes, car jamais tu n'as voulu me révéler ce secret terrible. On t'a rapporté un soir sanglant, mourant, percé de deux balles en pleine poitrine. Tu as eu le délire pendant un mois ; dans ce délire, tu as souvent prononcé le nom de Margarita ; puis, lorsque tu es revenu à la santé, tu n'as jamais voulu rompre ce silence farouche que tu gardes depuis dix ans et que tu tue.

— Eh bien ! dit le comte, je ne me tairai plus... écoute-moi.

Et s'appuyant de nouveau sur le bras de son frère, Hector de Maltevert, un peu remis de sa terrible émotion, l'entraîna au fond du parc, dans le lieu le plus solitaire, le fit asseoir près de lui sur un tronc d'arbre renversé, et ajouta :

— Quand on n'a aimé qu'une fois avant d'être ambitieux, ce premier amour domine toute la vie d'un homme.

Et le comte laissa échapper un soupir si profond et si douloureux qu'il ressemblait à un sanglot.

Mais avant de transcrire textuellement le récit d'Hector, il est nécessaire de raconter brièvement l'existence des deux frères, depuis la Révolution jusqu'à l'époque où nous les retrouvons à Montmorin.

Le comte de Maltevert émigra, et, comme son frère le baron de Villemur, il mourut dans l'exil avant que le premier consul eût renversé la guillotine et rouvert le sol de la France à tous ceux qui avaient fui les bourreaux et demandaient à rentrer dans leur patrie.

Hector et Raoul étaient hommes à la mort de leur père. Ils prirent du service dans l'armée autrichienne, et Hector, l'aîné, celui qui héritait du titre de comte, entra dans les gardes-nobles, la maison militaire de l'empereur Joseph II.

Les deux jeunes hommes, dont l'enfance annonçait déjà le caractère hautain et vaniteux, préférèrent servir l'Autriche contre la France que faire leur soumission à cette patrie ingrate qui les avait expulsés en les dépouillant de leurs biens.

Aussi, pour venir à Montmorin, n'avaient-ils pu mettre le pied sur le sol français qu'à l'aide du titre d'attachés à la diplomatie autrichienne, et grâce à la paix qui venait d'être conclue entre les deux puissances.

Le comte Hector et son frère Raoul étaient du reste naturalisés Autrichiens, — et comme tels, ils pouvaient venir en France sans être inquiétés.

Les deux frères, fort dissemblables sur plus d'un point, avaient cependant la même manière de voir en politique. Élevés en Allemagne, ils étaient devenus Allemands. Pour eux la France n'existait plus.

À vingt ans, le comte Hector, simple lieutenant dans la garde impériale autrichienne, était un officier insouciant, léger, peu préoccupé de l'avenir, et fier de ses nombreux succès galants. Un événement mystérieux était venu tout à coup modifier complètement ce caractère.

Le comte et son jeune frère, qui sortait alors de l'école des cadets, furent envoyés avec un corps d'armée dans le pays de Bade, où l'Autriche tenait garnison ; — quand, six mois après, il revint à Vienne, on fut étonné dans le grand monde autrichien de le voir sombre, morose, taciturne, et le bruit se répandit que cette brusque métamorphose était le résultat d'une passion malheureuse.

On espéra que le temps aurait raison ; mais le temps passa et ne ramena point le gai et franc sourire qui brillait jadis aux lèvres du comte, et l'aîné des Maltevert se jeta alors tête baissée dans cette carrière aride de l'ambition où ne vivent à l'aise que les âmes froissées déjà.

Hector, le lieutenant aux bonnes fortunes, devint le capitaine au front grave, au sourire froid, dont le mérite personnel lui acquit la faveur de l'empereur Joseph, et cette faveur, le jeune capitaine se promit de l'utiliser si bien qu'il arriverait aux fonctions militaires les plus élevées et à une brillante fortune. Il lui fallait le bâton de feld maréchal.

Le vicomte Raoul, lui, était simplement amoureux ; — mais son amour était aussi hardi, aussi téméraire que l'ambition de son frère.

Cet amour montait jusqu'aux marches du trône.

À cette époque, la maison d'Autriche n'avait point encore été assez humiliée, et la gloire de Napoléon n'était point parvenue encore à un si haut degré de prestige, que l'union d'une archiduchesse avec le chef de l'empire français eût été rêvée déjà par la diplomatie.

On le devine, le téméraire vicomte de Maltevert aimait en secret la jeune archiduchesse Marie-Louise.

Il osait l'aimer, bien que cet amour fût insensé et sans espoir et il lui avait voué un attachement profond, un culte fanatique dont, en France, vingt années plus tôt, quelques gentilshommes loyaux et fidèles osèrent environner cette noble reine que la hache de Robespierre n'épargna pas.

L'archiduchesse, Raoul le savait, ignorait toujours son amour, — mais il eût donné la dernière goutte de son sang si elle en eût témoigné le désir par un simple sourire.

Or, un soir, au jeu de l'Empereur où les deux jeunes gentilshommes étaient admis quelquefois, la conversation était tombée sur les principaux diamants que possédaient les souverains, et de l'avis universel, le plus beau qu'il y eût dans le monde était celui du Grand Mogol.

— J'en connais un tout aussi beau, dit alors le comte Hector, il a été payé deux millions à un chercheur de perles, et il était destiné au Grand Seigneur. Mais il est tombé au pouvoir des chevaliers de Malte, et démonté en la possession du commandeur de la frégate de l'Ordre qui s'empara du vaisseau turc qui le portait.

— Et qu'en a fait le commandeur ? demanda curieusement l'archiduchesse.

— Il l'a gardé, répondit le comte.

— Ce commandeur était donc fort riche ?

— Assez, madame. Les frères Bœhmer, les joailliers de la reine Marie-Antoinette ; les juifs Crammer, de Berlin, bijoutiers de la couronne, le czar lui-même, ont fait faire des ouvertures au commandeur, mais il a refusé.

— Le connaissez-vous ? demanda l'Empereur.

— C'est mon oncle, répondit le comte.

— Ah ! s'écria la jeune archiduchesse en regardant les deux frères, si j'avais un pareil diamant, je serais la plus heureuse des princesses.

— Et moi, je ferais feld-maréchal celui qui me l'apporterait, ajouta l'Empereur.

Les deux frères quittèrent le jeu de l'Empereur en proie à une sorte de vertige.

— Dussé-je échapper mon oncle le commandeur, murmura le comte, j'aurai le diamant.

Le vicomte songea que l'archiduchesse avait souhaité le posséder, et il fit le même serment que son frère.

Mais quelle ne fut pas leur joie lorsque, le lendemain même, un courrier de France leur apporta une lettre de maître Pandrille, l'intendant de Montmorin ! cette lettre leur annonçait le trépas du commandeur, et leur transmettait copie du bizarre codicille que le défunt avait annexé à son testament.

Une main vigoureuse la saisit. (P. 13.)

En ce temps-là, le service des postes était fort mal organisé, subordonné fort souvent aux hasards de ces grandes guerres qui désolaient l'Europe. De plus, soit intention du malin intendant, soit pure négligence, il avait écrit aux Maltevert plus d'un mois après le décès de leur oncle, ce qui fit que, malgré toute la diligence qu'ils mirent à quitter Vienne, le comte Hector et son frère n'arrivèrent à Montmorin que quelques jours avant la comtesse Durand, leur cousine germaine.

On le voit, le même but amenait les Maltevert à Montmorin. Seulement la cupidité n'entrait pour rien dans l'ardent désir qu'ils avaient de s'emparer du diamant, et il y avait dans leur projet un certain côté chevaleresque.

Le comte était, bien que lui ressemblant au physique, un homme tout différent du vicomte son frère cadet.

Dur, hautain, le cœur desséché par cette mystérieuse passion, voué désormais aux calculs arides de l'ambition, il ne manquait point cependant de cette bravoure éclatante et téméraire qui avait été l'apanage de ses robustes aïeux ; mais plus diplomate que soldat, il cachait sous son uniforme la prudence cauteleuse et l'esprit d'intrigue d'un courtisan. Il était la tête qui pense, ce qui vaut mieux que le bras qui agit, et il avait pour système qu'il est absurde d'employer la force, là où la ruse est suffisante.

Raoul, au contraire, était brave, téméraire, querelleur, mauvaise tête, d'un naturel violent et toujours prêt à pourfendre quiconque entravait leur volonté.

Quand les Maltevert arrivèrent à Montmorin, les autres cohéritiers, à l'exception de la comtesse, s'y trouvaient déjà réunis.

Le comte les jugea d'un coup d'œil, et lorsqu'il fut seul avec son frère, dans cette chambre rouge que le codicille du commandeur leur assignait pour logis, il lui tint le discours suivant :

— Raoul, mon ami, nous n'avons affaire ici qu'à des niais et à des vieillards, et nous serons de triples sots si nous n'avons pas le diamant. Cependant, mon avis est que nous devons être prudents.

— À quoi bon ? fit l'impétueux Raoul ; si un autre le trouvait, ce diamant, dussions-nous le tuer ?...

— Mon cher, répliqua froidement le comte, n'oublions pas que nous sommes en France, et que le régime impérial est armé de juges, d'avocats et de toute cette légion de gens de loi que trouvent toujours mauvais qu'on tue quelqu'un, ce quelqu'un fût-il un imbécile comme Bontemps de Saint-Christol, notre cousin.

— Nous ne sommes plus Français, il me semble, interrompit Raoul avec lenteur.

— Raison de plus pour que l'on fût enchanté de nous faire notre procès, si nous sortions des bornes de la légalité. Il faut donc, d'abord et au plus vite, chercher le diamant ; si un autre le trouve, nous aviserons.

Le comte avait parlé prudemment, Raoul inclina la tête en signe d'assentiment.

— Maintenant, continua Hector, il faut commencer par le commencement, c'est-à-dire chercher ici avant de faire nos perquisitions au dehors.

L'appartement était tendu d'une grande tapisserie dont la couleur lui avait fait donner le nom de chambre rouge.

Les Maltevert sondèrent les murs avec le poing, espérant entendre résonner le creux quelque part, ils examinèrent les boiseries, le parquet, le plafond, fouillèrent les placards et les meubles, et finirent par aviser dans l'angle le plus sombre de la pièce un vieux bahut de chêne sculpté qu'ils ouvrirent.

Le bahut renfermait un coffret, et dans ce coffret il y avait une clef à laquelle adhérait une étiquette de papier jauni.

— Clef des souterrains du Cousin ! fit le comte. Pardieu, s'écria-t-il, qui nous dit que le diamant n'est point dans les souterrains ? Quand un avare a un trésor à enfouir, c'est toujours dans un souterrain qu'il l'enterre.

Le vicomte examinait le coffret, et poussa tout à coup une exclamation de surprise :

— Un double fond, dit-il, et dans ce double fond un papier.

Le comte s'empara du papier et lut :

« Le diamant est enfermé dans un coffret de fer. Ce coffret est enfermé dans le souterrain contigu au Cousin, deuxième galerie, à cent quatre-vingts pas environ de l'orifice. »

Ces quelques lignes étaient tracées de la main du commandeur.

Les deux jeunes gens échangèrent un regard de triomphe :

— Le diamant est à nous ! murmurèrent-ils.

— Mais, où est-il Raoul, où est ce souterrain ?

— Je ne sais.

— Il brille donc le dua.

— Non pas, dit le prudent comte Hector. Pandrille nous volerait peut-être ce souterrain si nous le trouvons, cherchons nous-même là.

Or, depuis leur arrivée, les cohéritiers agissaient chacun à sa guise, ne se réunissant qu'aux heures des repas.

Arthur et Charles de la Barillère.

Le marquis de Nosrhéac lisait de vieux romans du siècle dernier; — les la Barillère se promenaient champêtrement dans les prairies du château; — les Franquepée chassaient à tir dans les plaines; — les Maltevert chassaient à courre dans les bois.

Tous, à leurs moments perdus, cherchaient le diamant.

Le diamant était introuvable. On avait fouillé tous les meubles, tous les placards, bouleversé le château.

Le diamant, disait le codicille du commandeur, était enfermé dans un coffret de fer d'une assez forte dimension.

Le coffret persistait à demeurer invisible.

Deux jours avant l'arrivée de la comtesse, le marquis de Nosrhéac avait fait, au déjeuner, la proposition suivante : chercher en commun et partager.

Les Franquepée acceptèrent, les Barillère pareillement; Bontemps à Saint-Christol cligna de l'œil, justifiant ainsi le proverbe : « Qui ne dit rien consent, » — mais les Maltevert refusèrent.

Cependant, malgré l'activité qu'ils déployaient dans leurs recherches, ils n'avaient point trouvé encore l'entrée du souterrain, mais ils ne se décourageaient point, et les choses en étaient là lorsque arriva la comtesse.

V

Nous avons laissé le comte et son frère Raoul au fond du parc, le premier décidé à confier enfin à son cadet le secret de cet unique et mystérieux amour qui semblait avoir marqué sa vie d'un sceau fatal.

Le vicomte avait pour son frère cette affection respectueuse, ce dévouement sans bornes que la jeunesse accorde si volontiers à l'expérience, et qui lient entre eux bien souvent les hommes de vingt ans et ceux de trente.

Il prit donc les deux mains d'Hector, les pressa dans les siennes et lui dit doucement :

— Parle, frère, je t'écoute...

— Te souviens-tu, dit alors le comte, que tandis que nous étions en garnison à Radstadt, dans le pays de Bade, un corps d'armée française passa le Rhin au-dessus de Strasbourg, pénétra dans la Forêt-Noire, et essaya de s'ouvrir un passage à travers les montagnes jusques en Bavière, où une autre armée française tenait la campagne?

— Oui, répondit le vicomte, et je me souviens aussi que nous fûmes séparés alors. On te donna le commandement d'une compagnie qui fut expédiée à travers les montagnes, et organisée en tirailleurs pour harceler l'ennemi. Moi je fis partie d'un corps d'observation qui remonta le cours de la Mürg.

— Eh bien, dit Hector, c'est de là que date pour moi ce fatal amour.

Et comme son frère paraissait disposé à l'écouter attentivement, M. de Maltevert continua :

— La compagnie que je commandais se composait de cent hommes. Je la divisai en quatre corps, chacun sous la conduite d'un sergent, et lui fis occuper ainsi quatre villages dans la Forêt-Noire, presque inaccessibles par leurs positions, et dont une armée ennemie dédaignerait sûrement de faire le siège.

« Tous les villages de la Forêt-Noire avaient été occupés ainsi sur un rayon de plusieurs lieues carrées, et nos troupes avaient ordre de laisser passer le gros du corps d'armée française dont un espion nous avait livré le plan de campagne, de tomber ensuite sur les derrières, de piller les fourgons et les ambulances, et de ne faire aucun quartier.

« Or, dès le second jour de mon installation dans la Forêt-Noire, j'eus occasion de pousser une reconnaissance vers l'ouest, avec huit ou dix cavaliers pour seule escorte.

« Les éclaireurs envoyés au-devant des Français ne s'étaient point repliés encore, et tout me laissait supposer que je n'avais aucun danger à courir en me dirigeant presque seul au milieu de ces vastes forêts de sapins où chaque arbre creux, chaque roche, chaque précipice, offrent un sûr asile. D'ailleurs, ajouta le comte avec un fier sourire, je n'ai jamais calculé le péril. »

— Je le sais, murmura Raoul de Maltevert attentif.

— Des huit hommes qui m'accompagnaient, poursuivit le narrateur, six étaient Autrichiens, un septième Hongrois; le huitième était du pays de Bade et avait prétendu connaître à merveille la forêt et posséder sur le bout du doigt les innombrables méandres de ses vallées sans nombre.

« Je le pris donc pour guide, et, plein de confiance en ses lumières, je résolus de m'avancer le plus possible et de ne me replier sur les miens que lorsque j'aurais entendu siffler les premières balles françaises.

« Karl, c'était le nom du Badois, m'avait juré qu'il me conduirait au travers d'un défilé jusqu'à une sorte de plate-forme de rochers

2

du haut de laquelle je pourrais voir les Français se dérouler dans les vastes plaines qui s'étendent entre les montagnes de la Forêt-Noire et le Rhin.

« Mais Karl avait trop présumé de lui-même; il se trompa de route; et tu sais combien il est difficile de retrouver son chemin au milieu de ces vastes forêts où les arbres ressemblent aux arbres, les ravins aux ravins, où le soleil ne pénètre jamais, et qui forment comme un monde de ténèbres sur la terre et en plein jour.

« Nous errâmes pendant sept ou huit heures, passant d'une vallée à l'autre, cheminant sans relâche sous le dôme sombre des sapins, guidés par un sentier mal frayé, et la plate-forme de rochers n'apparaissait point.

« Karl alors finit par m'avouer qu'il s'était trompé et ne retrouvait plus sa route.

« La nuit approchait, il fallait songer à la retraite, et le Badois convint tout à fait de son ignorance et de l'impossibilité où il était de nous guider par les ténèbres jusqu'à notre cantonnement.

« J'étais donc réduit à errer à l'aventure à travers ces solitudes immenses, décidé, moi et mes hommes, à passer la nuit dans les bois, les Français dussent-ils nous cerner pendant notre sommeil, lorsque le bruit lointain d'une fusillade arriva jusqu'à nous, venant du nord-est et du sud-est à la fois. Il n'était pas difficile de reconnaître, à ce bruit, les nombreux tirailleurs espacés dans la Forêt-Noire, et je compris sur-le-champ que Karl nous avait si bien égarés, qu'au lieu de nous diriger vers l'ouest en étions descendus au sud, où l'armée française, que nous comptions rencontrer pour nous replier ensuite précipitamment, avait passé à deux lieues au-dessous de nous, décrivant un demi-cercle, et nous enveloppant ainsi involontairement.

« Dès lors, il ne fallait plus songer à rejoindre nos hommes et notre cantonnement; il fallait s'occuper d'une seule chose : éviter de tomber dans la route d'un corps de troupes françaises, si je ne voulais être fusillé comme émigré et comme transfuge.

« Un ravin profond, l'obscurité de la nuit, l'épaisseur du fourré d'arbres sous lesquels nous cherchâmes une retraite pour y attendre le jour, tout semblait m'assurer que six mille Français passeraient à une portée de fusil sans deviner notre présence; — et, après que nous eûmes attaché nos chevaux, nous nous enveloppâmes, mes hommes et moi, dans nos manteaux, et nous étendîmes sur l'herbe. Quelques provisions que nous avions emportées furent dévorées rapidement et dans l'ombre. Il n'eût pas été prudent d'allumer du feu et d'attirer ainsi l'attention de l'ennemi, d'autant plus que le bruit de la fusillade approchait graduellement.

« Je jugeai que le combat engagé sur plusieurs points n'était pas distant de plus d'une lieue.

« Cependant, avec la nuit complète la fusillade s'éteignit peu à peu, les tirailleurs s'étaient repliés sans doute en arrière; mais nous entendions confusément et répercutés par les nombreux échos des bois, ces mille bruits vagues ou sonores qui résultent de la marche d'une armée.

« Ainsi, non-seulement je m'exposais à mourir sans gloire, fusillé comme un traître, mais encore je manquais à mon poste de combat.

« Cette pensée doubla la haine que j'éprouvais déjà pour cette nation française qui nous avait proscrits, et la colère m'aveuglant, je résolus de rejoindre les troupes autrichiennes, quoi qu'il arrivât, dussé-je me faire tuer si je ne parvenais à m'ouvrir un passage à travers les rangs français.

« — A cheval ! criai-je à mes hommes, à cheval et en route !

« — Capitaine, balbutia le Badois, nous ferions mieux d'attendre le jour.

« — Non, non ! m'écriai-je avec colère, à cheval !

« Mes hommes obéirent en murmurant, et je m'élançai en selle aussitôt.

« La nuit était obscure, profonde, et l'épaisseur de ce dôme de verdure que les sapins étendaient sur nos têtes achevait d'interrompre la moindre clarté venue du ciel. Il fallait nous fier à l'instinct de nos chevaux pour regagner nos cantonnements autrichiens.

« Mais à peine étions-nous en route qu'une lueur apparut dans l'éloignement, lueur rougeâtre, presque sinistre; puis, je reconnus la clarté de torches de résine, en même temps que le pas de plusieurs chevaux et le bruit des roues d'une voiture arrivaient à mon oreille.

« Était-ce un fourgon français ?

« — A moi les Kaiserlitz ! m'écriai-je en courant au-devant de ces torches, suivi par mes hommes, décidé que j'étais à m'emparer du fourgon ou à me faire tuer. L'audace de cette armée passant à une

demi-lieue de moi, et me coupant ainsi momentanément la retraite, m'avait exaspéré.

« Nous nous élançâmes au galop à la rencontre de cette clarté rougeâtre qui brillait dans la profondeur des bois, comme une bouche de l'enfer; arrivés enfin à une certaine distance, je fis faire halte à ma troupe.

« Chaque sapin dissimula un cavalier, aux deux côtés de la route étroite et montueuse que suivaient les torches, et j'attendis...

« Bientôt je pus voir distinctement une sorte de chaise de poste aux portières de laquelle galopaient quatre hussards français, tandis qu'au-devant des chevaux couraient deux autres soldats qui portaient les torches éclairant la route.

« Cette voiture, je le présumai tout d'abord, devait renfermer quelque personnage important, lequel, persuadé sans doute que l'armée française n'avait qu'à se montrer pour refouler au loin l'ennemi, avait pensé qu'une escorte de six hommes était plus que suffisante pour traverser la Forêt-Noire dans toute sa largeur; et ce calcul eût été juste, du reste, sans le hasard qui m'avait ainsi enclavé entre le Rhin et les premières lignes françaises.

« Au moment où les deux éclaireurs arrivèrent à trente pas de nous, deux de mes hommes firent feu, et l'un d'eux fut tué roide tandis que le cheval de l'autre, frappé à mort, roulait sur le sol, engageant sous lui son cavalier.

« En même temps, je m'élançai au milieu de la route et criai aux hussards :

« Rendez-vous !

« Les Français ne se rendent que morts, tu le sais bien. Un combat terrible s'engagea entre eux et mes hommes. Ils n'étaient que quatre, nous étions neuf. Mais le postillon se mit de la partie, tandis que les cris d'effroi d'une femme retentissaient au fond de la chaise de poste.

« La lutte fut longue, acharnée, horrible, mais enfin la victoire me resta. Les quatre hussards furent tués, et de mes huit hommes il ne m'en restait plus que deux.

« J'avais bien chèrement acheté la conquête de cette voiture.

« Je m'en approchai alors, une torche à la main, et à sa lueur, j'aperçus une femme évanouie, couchée de son long sur les coussins.

« Alors sur ce champ de bataille, les pieds dans le sang, foulant des cadavres, mes deux hommes et moi nous prodiguâmes nos soins à la belle prisonnière, et bientôt elle rouvrit les yeux et jeta autour d'elle un regard égaré.

« — Lancelot, murmura-t-elle, mon vieux Lancelot, que s'est-il donc passé ?

« Elle s'exprimait en français et appelait ainsi le brigadier de hussards qui l'escortait naguère et avait été tué par un de mes hommes.

« — Que désirez-vous, madame ? lui demandai-je en allemand, car, dans ma haine de la France, j'avais fini par ne jamais prononcer un seul mot de notre langue maternelle.

« Elle me regarda avec curiosité inquiète, se souvint sans doute des coups de feu qu'elle avait entendus, et, se penchant vivement à la portière elle regarda au dehors...

« Les cadavres entassés autour de la voiture lui arrachèrent un cri... elle devina tout !

« — Morts ! dit-elle avec l'accent de la terreur et du désespoir, et je suis prisonnière !

« — Ne craignez rien, madame, lui dis-je, vous êtes aux mains d'un gentilhomme, et si vous êtes prisonnière, au moins serez-vous traitée avec les égards dus à une femme.

« Un sourire de dédain passa sur ses lèvres, elle me toisa du regard et me dit :

« — Faites ce que vous voudrez, mais vous ne saurez pas qui je suis...

« Et à partir de cet instant, elle se renferma en un profond silence rempli de fierté et de dédain.

« Cette fierté et ce mépris m'irritèrent. Cette femme dont j'avais tué les défenseurs, et qui était en mon pouvoir, semblait me donner de sa hauteur de grande dame, moi qui avais vu les plus nobles Viennoises s'éprendre d'amour à ma vue.

« — Madame, lui dis-je, les hasards de la guerre ont de cruelles rigueurs. Vous êtes ma prisonnière, mais croyez que votre captivité sera douce et que...

« Elle détourna la tête, m'interrompant ainsi et semblant me dire :

« — Je vous dispense de vos protestations et de vos offres de service.

« Que te dirai-je ? Le dédain de cette femme m'irritait au plus haut degré, et cependant elle était si belle que je me sentais dominé par un sentiment de respect et d'adoration tout nouveau pour moi. Et puis, cette pensée confuse, cet instinct de brutalité sauvage qui naissent chez le soldat aux heures de pillage, quand la rapine et l'incendie promènent leur torche à travers les villes saccagées, cette pensée coupable qui défend de respecter la femme de l'ennemi, s'empara de moi et me fit tressaillir. Je me souvins alors que les armées françaises s'étaient montrées peu scrupuleuses en Allemagne, et comme je haïssais la France autant que j'aimais ma nouvelle patrie, je songeai que cette femme était la plus belle que j'eusse vue de ma vie...

« Et alors posséder cette femme, la posséder entièrement, à jamais, devint un désir ardent qui se développa chez moi avec la rapidité dévorante de l'incendie, jeta le trouble au fond de mon cœur, égara ma raison et me fit envelopper ma prisonnière de ce regard enflammé que les tigres énamourés du désert doivent lancer à la tigresse qui sommeille paresseusement et dédaigne leur amour.

« Elle comprit ce regard peut-être, car je la vis frissonner de la tête aux pieds, tandis que sa pâleur devenait livide. Mais sa fière et orgueilleuse nature ne plia qu'un moment, et son œil dédaigneux continua à me toiser ironiquement. Cependant les bruits lointains de l'armée française passant à travers de la forêt s'étaient graduellement éteints, et il était à peu près certain qu'on ne songerait point à envoyer au secours de la belle inconnue. L'essentiel pour moi était donc, si je voulais ne point tomber au pouvoir des Français et conserver ma conquête, de chercher un gîte pour la nuit, d'y attendre le point du jour et de gagner ensuite le premier poste autrichien. »

« Le soldat badois était un des survivants. Il venait de se reconnaître dans la chaise de poste et, parfaitement orienté désormais, il m'assura que nous trouverions, en nous enfonçant de nouveau dans les bois, la maison d'un garde-chasse où il nous serait possible de passer la nuit.

« L'inconnue avait froidement écouté mon débat avec le soldat badois.

« — Madame, lui dis-je, il faudra vous résigner à monter à cheval.

« — Peu m'importe ! fit-elle d'un signe.

« Je lui offris la main pour sortir de la chaise de poste, mais elle la repoussa et s'élança d'un bond sur la route.

« — Pauvre Lancelot ! murmura-t-elle en apercevant le corps du brigadier.

« Puis elle me jeta un nouveau regard chargé de mépris et me dit froidement :

« — Ordonnez, monsieur, je suis prête à vous suivre.

« J'avais fini par lui adresser la parole en français, et elle avait deviné sans doute que j'étais un émigré au service de l'Autriche, car son dédain pour moi avait paru s'en augmenter.

« Mais déjà le terrible esprit de la conquête, cette fureur de la victoire qui s'étend jusqu'à la femme du vaincu, s'étaient emparés de moi. Je n'aimais point encore l'inconnue, mais je la trouvais si belle déjà que je l'eusse disputée à l'empereur François lui-même. »

Le comte s'arrêta à cet endroit de son récit et passa tristement la main sur son front.

— Ah ! reprit-il, cette femme eût été moins hautaine, moins superbe avec moi, peut-être ne l'eusse-je pas aimée ; peut-être, obéissant à un instinct de générosité native, lui eussé-je rendu sa liberté en l'escortant moi-même jusqu'aux lignes françaises. Mais son mépris m'exaspérait, et il m'eût été impossible en ce moment de préciser si je ressentais de la haine ou de l'amour pour elle.

« On lui amena le cheval d'un de mes hommes qui avait été tué ; elle le monta sans difficulté, sans résistance, et se contenta de me dire :

« — Où dois-je vous suivre ?

« — Jusqu'à un lieu d'abord où vous puissiez passer la nuit, madame, lui répondis-je avec courtoisie. Puis, demain, je vous ferai escorter à Bade ou à Radstadt, où, du reste, on va conduire votre voiture dès le point du jour.

J'avais trouvé cet excellent prétexte de m'éloigner d'un de mes hommes et de me convaincre que le Badois, lequel allait me guider jusqu'à la maison du garde-chasse, car déjà les plus étranges projets germaient dans ma tête, et je ne songeais plus au péril qu'il y avait de me débarrasser ainsi d'un défenseur.

« — Frantz, dis-je à mon soldat autrichien, tu vas passer la nuit ici ; tu garderas tous ces chevaux (il y en avait huit de valides) et cette voiture, puis, quand le jour sera venu, tu suivras cette route en te dirigeant toujours au nord-ouest et tu conduiras chevaux et voiture jusqu'à Radstadt où tu m'attendras.

« Frantz inclina docilement la tête et je fis signe à Karl de remonter à cheval et de nous montrer la route.

« — Monsieur, me dit alors l'inconnue, me ferez-vous la grâce de me laisser emporter une petite boîte que j'ai dans ma voiture ?

« — Sans doute, madame.

« Elle indiqua à Frantz une des poches de la berline, et celui-ci y trouva en effet une boîte oblongue, de peu de profondeur, et que je crus être une de celles où les femmes serrent des flacons de sels et des odeurs.

« Un mouvement de joie se peignit sur son visage lorsque cette boîte fut en sa possession, et elle poussa son cheval d'elle-même, toute prête à me suivre. Nous nous enfonçâmes alors à travers les bois, guidés par Karl et éclairés par un pâle rayon de la lune qui se levait à l'horizon.

« J'avais rangé mon cheval à côté de celui de cette femme ; mon regard ardent l'enveloppait sans cesse ; parfois la route étroite nous rapprochait si bien, que je sentais passer son haleine sur mes mains ou sur mon front, et j'éprouvais alors un tressaillement indicible.

« Nous cheminâmes ainsi pendant une heure, et cette heure fut pour moi délicieuse. En dépit de son dédaigneux silence, je me trouvais heureux encore de chevaucher auprès d'elle, et, mon imagination aidant, je me figurai être un amant fortuné.

« Une petite lueur scintillant à travers les sapins nous indiqua enfin cette maison de garde-chasse dont Karl nous avait parlé.

« — Voilà, dit-il en étendant la main.

Un peu après nous atteignîmes la pauvre demeure, et grand fut notre étonnement en la trouvant abandonnée. La porte était ouverte, le feu brûlait dans l'âtre, une lampe était posée sur la table graisseuse où le garde-chasse prenait ses repas... Mais personne, ni au dedans, ni au dehors.

« — Hermann ? appela Karl à plusieurs reprises.

« Hermann ne répondit pas.

« Sans doute au bruit lointain de la fusillade, le garde avait jugé prudent de s'enfuir, laissant sa maison à la disposition des vainqueurs.

« — Madame, dis-je alors à la jeune femme, veuillez pardonner la chétive hospitalité que je suis forcé de vous offrir ici.

« Je voulus lui donner la main pour mettre pied à terre, mais elle la refusa comme elle avait déjà fait en quittant la voiture, et elle entra dans la maison du garde sans m'avoir répondu. Elle s'assit sur un escabeau, au coin du feu, s'enveloppa dans un grand châle anglais et parut décidée à attendre le jour en cette situation. La maison avait un premier étage composé d'une chambre unique ; dans cette chambre il y avait un lit, celui du garde.

« Je la suppliai de prendre ce lit et de dormir quelques heures.

« — Soit ! me dit-elle d'un ton résigné qui me fit tressaillir d'espérance, tant l'ennui me fut à de certaines heures.

« Elle consentit à monter au premier étage et s'y enferma, me remerciant d'un geste, de mes offres de service.

« Je redescendis au coin du feu et j'y demeurai rêveur pendant plus d'une heure, ne sachant à quel parti m'arrêter.

« Karl avait attaché les chevaux en plein air, puis il avait vidé une gourde pleine de kirsch et s'était couché ivre-mort sur le pas de la porte. J'étais donc seul par le fait, seul avec cette femme dont la fierté pleine de mépris m'irritait, dont la beauté m'éblouissait et que j'aimais déjà d'un violent amour, obéissant à cette impression bizarre du cœur de l'homme qui semble se complaire à essuyer les dédains de la femme aimée. Je l'aimais parce qu'elle semblait me mépriser et me braver.

« Je voulais me venger, je voulais être aimé...

« Ces deux pensées étreignaient mon cerveau et faisaient bouillonner mon cœur d'indignation et de désirs brûlants tout à la fois. Cette femme avait dû cependant songer qu'elle était en mon pouvoir, que les lois de la guerre m'absolvaient d'avance, que je pouvais abuser de cette situation étrange que nous faisaient à tous l'isolement, la nuit, la jeunesse.

« Eh bien, elle s'était couchée tranquillement, se contentant de pousser sa porte, laquelle, du reste, ne fermait pas même au verrou.

« Tout en elle, jusqu'à sa faiblesse et à son impuissance de me résister, semblait me braver. Oserai-je l'avouer ? j'eus le vertige...

Comme un prisonnier qui s'évade, comme un assassin qui se glisse dans l'ombre un poignard à la main, je gravis l'escalier, étouffant le bruit de mes pas, et, le cœur palpitant, j'arrivai jusqu'à cette porte qui me séparait d'elle encore. Mais alors mon cœur battit si fort que je m'arrêtai, et frissonnant, la sueur au front, je me pris à écouter...

« La petite chambre était silencieuse, mais un rayon de la lampe filtrant à travers la porte m'apprit que si l'inconnue dormait, au moins elle n'avait pas jugé prudent de s'endormir dans les ténèbres. Enfin je fis un effort sur moi-même et j'osai pousser cette porte.

« Au bruit, elle se dressa sur son séant et me regarda. Son regard était froid, calme, acéré comme la pointe d'un stylet.

« — Que voulez-vous? me dit-elle.

« Ce regard, cette voix brève et impérieuse, achevèrent de m'exaspérer. C'était trop me braver !

« — Madame, lui dis-je, je vous ai trouvée si belle en vous voyant, que je sentis naître soudain en mon cœur une de ces passions terribles que rien ne saurait dompter. Je vous aime...

« Un sourire passa sur ses lèvres. Ce sourire, vois-tu, s'il fût tombé des lèvres d'un homme, aurait équivalu pour cet homme à un arrêt de mort, tant il était ironique et semblait me défier.

« — Vous êtes Français? me dit-elle.

« — Oui, balbutiai-je, frémissant.

« — Très-bien , murmura-t-elle. Après avoir eu la lâcheté de tirer l'épée contre votre pays, vous ne reculerez pas devant la violence envers une femme que le hasard a fait tomber en vos mains. C'est tout simple.

« — Madame...

« — Sortez! me dit-elle, m'indiquant la porte d'un geste de mépris suprême.

« — Madame... madame... balbutiai-je d'une voix que la fureur étranglait, au nom du ciel et par pitié pour vous-même, ne me parlez point ainsi... Demandez-moi de vous respecter, invoquez en moi la loyauté du gentilhomme, et je vous obéirai... je me retirerai... car je vous aime...

« — Insolent ! fit-elle, toujours de cette voix calme où éclatait son dédain, vous osez me parler d'amour, me dire que vous êtes gentilhomme, et cela dans cette langue qui n'est plus la vôtre et que vous avez reniée!...

« Et sa main s'étendit une fois encore vers la porte, impérieuse, menaçante, inflexible, comme un bâton de commandement.

« — Sors, misérable ! me dit-elle.

« A ces derniers mots j'eus le vertige, mes yeux s'injectèrent de sang; cette fureur étrange que la passion met au cœur de l'homme se trouva stimulée encore, fouettée à vif par le dedain de cette femme.

« — Vous l'avez voulu !... m'écriai-je.

« Et je m'élançai vers elle pour la saisir dans mes bras, pour lui faire subir l'affront d'un baiser...

« Mais, plus prompte que moi, elle passa la main sous son oreiller, en retira un pistolet, m'ajusta et fit feu. Un nuage passa sur mon front... j'eus froid... et je portai vivement la main à ma poitrine.

« Et comme je ne tombais point et faisais un pas encore, elle s'arma d'un second pistolet, fit feu une seconde fois et me renversa sanglant sur le parquet.

« Cette boîte oblongue qu'elle avait emportée renfermait une paire de charmants petits pistolets à crosse d'ivoire avec lesquels elle venait de défendre son honneur.

« A partir de ce moment-là, continua Hector de Maltevert après un moment de pénible silence, je ne me souviens plus de rien.

« Que devint-elle? je ne l'aurais jamais su, si je ne venais de la revoir. Sans doute elle prit la fuite à travers la forêt, marchant au hasard, et elle rencontra peut-être un détachement de troupes françaises. Quant à Karl, il ne s'était pas même réveillé, et lorsque le jour arriva et eut dissipé son ivresse, il me trouva baigné dans mon sang et ne donnant plus signe de vie. Seulement, il paraît que je ne m'étais point évanoui sur-le-champ, que j'avais eu la force de me traîner jusqu'au lit après la fuite de l'inconnue et d'y saisir comme un talisman cette petite boîte sur laquelle j'avais lu son nom : « Margarita, » car je lui avais demandé son nom pendant le souper, m'a dit Karl, et ce nom s'était gravé dans ma mémoire en traits de feu, puisqu'il n'abandonna point mes lèvres durant mon délire. »

Le comte s'arrêta une fois encore, et Raoul sentit sa main trembler convulsivement dans la sienne.

— Eh bien! reprit-il enfin d'une voix sombre et presque farouche, cette femme que j'ai vue quelques heures à peine, cette femme aux genoux de laquelle j'aurais dû me courber, et avec qui cependant je me suis conduit comme le dernier soudard d'une armée victorieuse, je l'ai aimée ardemment, saintement, de toute la hauteur de mes remords et de mon désespoir; j'aurais voulu pouvoir donner ma vie pour elle, verser mon sang goutte à goutte et jusqu'à la dernière pour être pardonné... Et voici que je la retrouve, toujours belle, toujours hautaine et dédaigneuse, et la fatalité veut que cette femme, avec qui j'ai voulu user du droit de la guerre, soit précisément de mon sang, que son père et le mien soient frères... Oh! combien elle doit me mépriser et me haïr. Comprends-tu?

Raoul se taisait; il comprenait, lui aussi, que son frère Hector avait creusé un abîme, avec son amour même, entre madame Durand et lui, et que cet abîme, rien au monde ne le saurait combler.

Les deux frères demeurèrent longtemps silencieux et mornes, le premier enseveli dans ses douloureux souvenirs, le second songeant peut-être aussi à cet amour sans issue auquel il avait dévoué sa vie.

Tout à coup Hector se leva brusquement. Un éclair jaillit de ses yeux, et serrant avec force les mains de Raoul :

— Eh bien! dit-il, tôt ou tard, et dussé-je conquérir le monde pour le mettre à ses pieds, elle m'aimera.

Raoul tressaillit; il savait son frère capable de tout, du plus grand héroïsme comme des plus grands crimes, pour arriver à son but.

Puis, à cet accès d'enthousiasme chez le comte, succéda un accès de fureur jalouse :

— Mais cet homme, murmura-t-il, cet officier de Bonaparte qui l'accompagne... si c'était .. Oh! je le tuerais.

Et il mit la main sur un poignard qu'il portait toujours sur lui et en étreignit convulsivement la poignée.

— Viens, dit Raoul en l'entraînant, viens, frère, la nuit porte conseil.

VI

Hector de Maltevert n'était point le seul hôte de Montmorin dans l'âme de qui l'arrivée de madame la comtesse Durand avait jeté le trouble, et nous pourrons nous en convaincre en passant en revue tour à tour les cousins et les neveux de feu M. le commandeur, lesquels causaient entre eux au saut du lit ou procédaient à leur toilette en formant mille projets dans lesquels ils faisaient entrer la jolie veuve.

C'étaient d'abord les Franquépée, dont l'aîné papillotait ses rares cheveux grisonnants devant une glace et adressait ainsi la parole à son frère :

— Ah çà, monsieur mon cadet, que pensez-vous de cette cousine qui nous est tombée hier du ciel ?

— Mais... rien du tout, répondit M. le vicomte Aristodème de Franquépée, gentilhomme timide, qui n'osait jamais émettre un avis devant son redoutable aîné.

— Comment ! rien du tout ?

— Dame! monsieur mon frère, que voulez-vous que j'en pense ? Et le cadet de Franquépée laissa glisser sur ses lèvres un sourire béat.

— Vous êtes insupportable, Aristodème... Vous touchez à votre cinquantième année, et vous n'avez pas plus d'intelligence qu'un enfant au maillot.

Nouveau sourire indécis de M. le vicomte Aristodème de Franquépée.

— Hé ! parbleu ! fit le comte en achevant sa papillote d'un air de mauvaise humeur, une cousine qui arrive à neuf heures du soir en compagnie d'un officier de Bonaparte qu'elle appelle « Oscar » tout court... mais sacrebleu ! il y a à penser, là...

— Vous avez raison, mon frère, murmura le vicomte d'un ton soumis, cela donne fortement à penser.

— Une femme qui a vécu à la cour impériale, continua M. de Franquépée aîné en s'échauffant, c'est abominable !

— Abominable, en effet, mon frère !

— Cet Oscar, puisqu'elle le nomme ainsi, c'est à coup sûr...

M. Aristodème se prit à rougir comme une belle fille.

Et puis, comme si cette conversation l'eût effarouché, il ajouta :

— N'importe ! nous n'avons pas trouvé le diamant...

— Peuh ! dit le comte; personne ne l'a trouvé plus que nous... ce n'est pas que j'y tienne... cependant.

— Ah! murmura Aristodème, il n'est pas moins vrai qu'il vaut trois millions et qu'avec trois millions...

— Nous nous marierions, monsieur mon frère, car, vous le savez, si nous sommes demeurés garçons l'un et l'autre...

— C'est que nous étions un peu minés... soupira le cadet du comte.

— Franquépée tombe en ruine... Cependant cette cousine... reprit M. de Franquépée, qui était fort tenace... cette cousine m'intrigue...

Le vicomte Aristodème rougit de nouveau.

— Elle est d'une hardiesse... d'un sans-gêne... dirait-on pas qu'elle n'a jamais dérogé?

— Mais elle est jolie, ma foi! soupira le cadet des Franquépée...

— Eh bien, dit le comte, trouvez le diamant, et elle vous épousera!

Le vicomte eut le vertige.

M. Charles de la Barillère avait mal dormi.

Pourtant il avait vingt ans, sa conscience était pure; jamais il n'avait commis le moindre meurtre, et il ressentait une profonde horreur pour cet empereur romain qui tuait des mouches avec un poinçon.

A moins que le souvenir d'*Estelle et Némorin*, le seul roman qu'il eût jamais lu, troublât le repos de ses nuits, M. de la Barillère fils n'aurait jamais deviné la cause de son insomnie, sans le souvenir de la conversation qu'il eut avec son père en rentrant chez lui, le soir de l'arrivée de madame Durand.

— Comment trouvez-vous cette cousine, mon fils?

— Moi? mon père...

— Sans doute. Vous pouvez, il me semble, me dire ce que vous en pensez?

— Vous croyez, mon père?

— Comment! si je le crois? mais qu'avez-vous donc à me regarder ainsi?

— C'est que... c'est que, mon père... balbutia M. de la Barillère fils devenu cramoisi.

— Eh bien! quoi? insista le chevalier.

Le bon jeune homme soupira comme soupirait Némorin, au dire de M. de Florian, ce capitaine de dragons qui mourut de peur, tout comme un vrai poëte.

Si M. le chevalier Arthur de la Barillère n'eût porté des lunettes, ce qui empêche ordinairement de voir clair, il eût remarqué l'incarnat qui boursouflait le visage imberbe de son rejeton.

— Ah çà mais, vous soupirez, il me semble!

Charles soupira encore et ne répondit pas.

— Au fait! pourquoi pas? murmura le chevalier, comme se parlant à lui-même.

— Pourquoi pas? murmura *in petto* le jeune la Barillère qui s'enhardit.

— Comment trouvez-vous cette cousine, Charles? une belle femme, n'est-ce pas?

— Oui... mon père...

— Et veuve de bien bonne heure?

A ces mots, Charles-Anacharsis de la Barillère soupira encore, tout comme s'il eût regretté le mari de la comtesse.

— Et riche, morbleu! continua le chevalier, qui poursuivait son idée.

— Ah!... elle est riche?

— Trente mille livres de rente, au moins, indépendamment de sa part de l'héritage.

Nouveau soupir de Charles-Anacharsis.

— Avez-vous songé à vous marier?

A cette brusque question, le jeune homme faillit s'évanouir.

— Ah! poursuivit le chevalier, ce serait un mariage, cela. Elle a quelques années de plus que vous, mais, ma foi! elle est fort belle... elle est riche, vous ne l'êtes pas... Et puis, après tout, et malgré sa mésalliance, c'est une Maltevert.

— En sorte que... mon père... balbutia M. Charles-Anacharsis de la Barillère.

— Je vous autorise, mon fils, à faire votre cour. Je me charge des négociations... Mais, bon Dieu! qu'avez-vous? vous chancelez...

— Ce n'est rien... non... je ne crois pas...

— Voilà qui est convenu, reprit le chevalier. Mettez-vous au lit; et, dès demain matin, je demanderai un entretien à la comtesse.

On le comprend, M. Charles-Anacharsis de la Barillère n'avait pu fermer l'œil de la nuit.

M. le marquis Anatole de Posrhéac, nous l'avons dit déjà, avait cinquante et quelques années, n'en avouait que quarante-cinq, portait la poudre et la queue, se croyait toujours fort jeune et cherchait à se marier.

La veille, il avait offert sa main à madame Durand, selon la rigoureuse étiquette qui régnait à Versailles trente ans auparavant, lorsque le marquis était page du roi Louis XV.

En se mettant au lit, le marquis sonna son valet de chambre.

Selon la tradition, son valet de chambre s'appelait Jasmin et avait succédé à un autre valet du nom de Lafleur.

— Jasmin, lui dit le marquis, vous m'apporterez demain mon habit vert et ma veste ventre-de-biche. Parfumez mon lit et faites mes papillotes.

Quand M. de Posrhéac demandait son habit vert, sa veste ventre-de-biche, ordonnait de parfumer son lit et de boucler sa chevelure grise, son esprit était à la galanterie.

— Hé! hé! murmura-t-il en se plongeant dans le lit parfumé, jolie femme, ma foi! belles dents, cheveux magnifiques, grands yeux... il faudra en revoir!

M. de Posrhéac s'endormit en prononçant ce mot de chasse qui était très-significatif, et il prouva ainsi la supériorité des amoureux mûrs sur les jeunes, que leur amour empêche de dormir, ce qui est un tort.

Un seul des cohéritiers n'avait point songé à la belle veuve, c'était M. Bontemps de Saint-Christol, un personnage muet qui ne songeait à rien.

VII

Tandis que chaque hôte de Montmorin commentait l'avenir à sa manière relativement à la belle comtesse, celle-ci, malgré les fatigues de la route et les émotions terribles qu'elle avait éprouvées à la fin de son voyage, s'était éveillée de bonne heure, et, sautant hors du lit, elle courut à sa fenêtre.

Un charmant rayon de soleil glissait déjà sur la petite vallée de Montmorin et faisait miroiter comme d'innombrables rubis les gouttelettes de rosée dont les arbres étaient couverts.

La comtesse embrassa d'un regard les bois, les champs, les prairies au milieu desquelles le Cousin déroulait ses méandres argentés, reconnut le tourbillon où elle avait failli périr et frissonna au souvenir du danger qu'elle avait couru.

Elle se rappela alors Jean, le robuste enfant de la nature; et, soit reconnaissance, soit qu'elle obéit à la vague impression d'un sentiment tout nouveau pour elle, elle procéda rapidement à sa toilette, et, sortant du château, se dirigea à pied vers le petit pavillon situé à l'extrémité du parc, où Jean demeurait depuis la mort de son père.

Mais Jean était parti depuis longtemps, son fusil sur l'épaule, et la comtesse ne trouva que le bonhomme Guillaumier, le père de la pauvre Rose.

La comtesse rentra désappointée.

A dix heures, un laquais vint l'avertir que le déjeuner était servi.

Madame Durand descendit à la salle à manger où les héritiers se trouvaient réunis.

Les Maltevert seuls étaient absents.

La comtesse serra la main d'Oscar, salua ses cousins et prit la place d'honneur.

Le tendre Anacharsis de la Barillère alla s'asseoir en rougissant au bout de la table, et comme son père s'approchait de la comtesse pour lui faire son compliment du matin, il s'imagina que la demande en mariage allait avoir lieu incontinent, et il éprouva un horrible malaise.

Le marquis de Posrhéac succéda au chevalier Arthur de la Barillère. Il avait son habit vert, sa veste ventre-de-biche; il était poudré, musqué, ambré, et s'appuyait avec une grâce juvénile sur un jonc à pomme d'or.

Le vieux Céladon déposa aux pieds de la comtesse ses hommages entortillés dans une phrase fleurie et parfumée empruntée à feu le chevalier Dorat, et cela avec une grâce et une aisance que le maréchal de Richelieu n'eût point désavouées, s'il eût été de ce monde.

Puis il lui effleura la main d'un baiser et s'assit à sa droite.

— Où sont nos cousins de Maltevert? demanda madame Durand.

— A la chasse, répondit le commandeur.

— Ah! fit la veuve. Ces messieurs auraient pu y renoncer pour aujourd'hui, ce me semble.

— Pourquoi donc? demanda M. le vicomte Aristodème de Franquépée se penchant à l'oreille de son aîné.

— Par politesse, sans doute, répliqua ironiquement celui-ci.

Décidément, l'aîné des Franquépée était mal disposé pour la comtesse. Quant à M. de Posrhéac, qui n'aimait que médiocrement les Maltevert depuis qu'ils avaient repoussé sa proposition, il saisit au vol cette occasion d'être aimable à leurs dépens.

— Ces messieurs, dit-il, ont oublié le savoir-vivre de la noblesse française en servant dans les kaizerlitz, et ils préfèrent les ardeurs du soleil au feu des plus beaux yeux du monde.

Le compliment était fade, mais il eut son petit succès.

La comtesse répondit du ton qu'aurait employé, trente ans plus tôt, une duchesse à paniers :

— Vous êtes adorable, marquis !

Le sourire qui accompagna ces paroles acheva de tourner la tête au Céladon.

M. Anacharsis de la Barillère faillit s'en trouver mal.

Mais un supplice plus grand encore était réservé à l'adolescent. La comtesse s'oublia, durant le déjeuner, à appeler le commandant par son prénom, et le jeune et inoffensif gentilhomme, qui reprouvait si fort le meurtre d'une mouche, se prit à souhaiter la potence pour M. de Verteuil.

L'amour rend féroce.

Anacharsis de la Barillère ne leva plus les yeux durant le déjeuner.

Les Franquépée chuchotèrent.

Le marquis ne tarit point en galanteries surannées, que la jeune femme écouta avec une patience et une grâce évangéliques.

Bontemps de Saint-Christol, personnage toujours muet, mangea en homme qui n'a point à payer son écot.

En sortant de table, le marquis offrit son bras pour un tour de parc, tandis que le commandant allait tirer des cailles au *vol du chapon*. Les Franquépée se remirent à la recherche du diamant, et le chevalier Arthur de la Barillère épia le moment favorable d'entamer sa délicate négociation. Quant au jeune Anacharsis, il alla s'enfermer dans sa chambre et attendit, palpitant, le retour de son père.

Quelques heures après, le commandant, revenant de la chasse, trouva la comtesse causant avec Jean, le fils du commandeur.

Elle salua amicalement le jeune chasseur et prit le bras d'Oscar, tandis que Jean s'éloignait discrètement.

— Savez-vous, lui dit-elle, que je trouve ici un roman tout fait?

— Comment cela ?

— Je suis déjà demandée en mariage.

— Et par qui? fit M. de Verteuil en souriant.

— Par deux soupirants à la fois.

— Allons donc !

— Rien n'est plus vrai.

— Mais encore?

— Le premier a la cinquantaine.

— Ah! et le second?

— Le second est un adolescent.

— Contez-moi donc cela !

— Volontiers, car c'est fort drôle.

La comtesse fit prendre au commandant un petit sentier qui s'enfonçait dans le parc.

Mais, avant d'aller plus loin, disons comment elle avait retrouvé Jean.

VIII

Décidément, si l'amour suffit à perdre Troie, une femme avait, par sa seule présence, introduit l'insomnie à Montmorin.

La comtesse n'avait trouvé de rebelle que M. Bontemps de Saint-Christol, qui dormait quoi qu'il arrivât.

Tous les autres, depuis le galant marquis jusqu'au timide Anacharsis de la Barillère, avaient passé une nuit blanche.

Et Jean, comme tous les autres, avait inutilement appelé le sommeil.

Nous connaissons le jeune homme au physique, essayons de le peindre au moral.

Jean avait vingt et un ans lorsque le commandeur mourut. Il pleura son père amèrement; mais à cet âge où la douleur est si vaillamment combattue par la jeunesse, elle ne saurait fermer le cœur à tout espoir. Jean avait passé son enfance à Montmorin, et il était devenu un petit philosophe sans le savoir.

Chasseur intrépide, tantôt sur la pointe d'un roc, au bord d'un torrent, au fond des bois, sans cesse en présence de cette pittoresque et sauvage nature morvandelle qui rappelle si bien les montagnes d'Écosse, toujours au milieu du péril que le veneur passionné affronte si hardiment, contemplant le manoir de son père qu'il n'habiterait jamais peut-être, Jean était rêveur depuis nombre d'années, et la rêverie absorbait son existence. L'adolescent vivait par l'imagination bien plus que par le côté réel de l'existence, et les créations de sa rêverie allaient jusqu'à l'infini.

Tantôt, se reportant aux siècles écoulés, redressant, dans son esprit, les ponts-levis de Montmorin, hérissant ses tourelles de sentinelles vigilantes, couvrant sa plate-forme d'hommes d'armes, ses chemins de cavaliers, il sentait bouillonner en lui le sang batailleur des Maltevert et regrettait le moyen âge, cette ère chevaleresque aux lourdes armures d'airain.

Tantôt, l'aile capricieuse de sa fantaisie le reportait vers le présent; ce présent invisible pour lui et qui ne lui arrivait que par les cent bouches de la renommée; ce présent victorieux, grand comme l'univers; ce présent de l'empire français déployant son drapeau sur le monde à genoux !

Alors le fils du commandeur se prenait à souhaiter des épaulettes de colonel.

Tantôt enfin c'était l'avenir...

L'avenir ! mot magique pour une âme jeune et naïve... rêve fantastique empruntant toutes les formes, que l'on poursuit à travers les nuages d'or du couchant et les brumes matinales qui voilent les coteaux humides de rosée.

L'avenir !

Quand on a vingt ans, c'est l'hirondelle qui s'envole, la nuée d'argent qui passe dans le ciel bleu, le pommier fleuri que le vent incline. — c'est un rêve de gloire héroïque ou d'amour céleste, — c'est Paris.

Paris, la ville infâme, aux noires petitesses, aux médiocrités envieuses, aux honteuses orgies, et qui nous apparaît comme le temple du grand et du beau !

L'avenir !

C'est encore cette forme blanche et diaphane, cette ombre céleste qu'on croit voir, à la brume, se dérober derrière les grands chênes du coteau, glisser à l'aube sur la pointe des glaciers et des monts, — une création divine dont on a trouvé l'ébauche dans un livre, — une femme comme il n'en est pas au monde et qu'on espère rencontrer tôt ou tard...

Une femme aux mains de fée, au regard charmant, au doux sourire, dont le pied léger effleure la terre, dont la robe est transparente comme le brouillard du matin, dont les larmes forment la rosée, dont le cœur est rempli d'amour.

Jean avait rêvé de tout cela.

Souvent un souffle d'ambition traversait sa tête, plus souvent une aspiration de bonheur remuait la plus fraîche corde de son âme.

L'adolescent cherchait son idéal.

Mais où le trouver?

Il avait bien contemplé souvent, dans la grande salle du manoir, au milieu des vieux portraits de famille, une femme jeune et belle portant le costume de la cour du grand roi; mais cette toile, tout noire de vieillesse dans son cadre enfumé, — et peut-on aimer un souvenir!

Les toiles d'ailleurs ne parlent point, ne courent pas sur le gazon des prairies et ne passent point leurs mains blanches et mignonnes dans la chevelure bouclée d'un bel amoureux.

Or, voici que Jean avait trouvé son idéal, et cet idéal, on le devine, c'était la comtesse.

Madame Durand était blanche, frêle, délicate; elle avait l'œil noir et la lèvre armée d'un doux sourire, et jamais Jean n'avait vu plus belles et plus blanches mains que les siennes.

Pourtant il ne l'avait vue qu'une heure, la nuit, au clair de lune... mais son cœur avait battu !

Et Jean passa la nuit à songer avec délices à ce sauvetage merveilleux qu'il avait accompli, à se rappeler qu'il avait un moment pressé la comtesse dans ses bras, que son cœur avait battu près du sien,... et, pour la première fois peut-être, une pensée amère et navrante s'empara de lui et l'étreignit.

Le commandeur, qui rêvait toujours la vengeance et voulait punir ses neveux et ses héritiers, avait si bien gardé le secret de son mariage avec Rose, que Jean se croyait bâtard.

Cette pensée était affreuse. Il y avait tout un drame dans ce mot, — et Jean fut contraint de s'avouer que le nom de son père n'était pas le sien, que cette femme qu'il aimait pouvait le renier, et qu'il lui était interdit de lui dire : — Je vous ai sauvée de la mort ; je donnerais mille fois ma vie pour vous, si vous m'accordiez un regard, un sourire, si vous me disiez : — Je te permets de m'aimer, de veiller sur moi comme un protecteur, de me préserver des piéges qu'on tendra sur mon chemin.

Il était, il se croyait bâtard!

C'est-à-dire que ces insolents qui l'avaient traité du haut de leur grandeur, qui s'installaient en maîtres dans la maison de son père, tandis qu'il habitait un simple pavillon au fond du parc, étaient les vrais héritiers du commandeur.

Jean eût maudit son père à cette heure, si le souvenir d'un père à cheveux blancs n'était pas la plus sainte chose de ce monde.

Et il se prit alors à songer à ce père qui l'avait tenu sur ses genoux, enfant, qui s'appuyait plus tard sur sa jeune épaule, qui lui contait ses batailles de mer, ses combats d'abordage, et qui redressait sa haute taille avec fierté quand on parlait devant lui d'une nouvelle victoire de la France.

Et Jean versait, à ce souvenir, d'abondantes larmes.

Notre héros fut sur pied bien avant le jour.

Il siffla Soliman, son compagnon fidèle de chaque jour, prit son fusil et sa carnassière et s'en alla courir les bois pour rafraîchir, au milieu des bruyères couvertes de rosée, dans l'air vif du matin, sa pauvre tête brûlante.

Mais il eut beau courir de rochers en rochers, de fourrées en clairières, errer des profondeurs des bois à la lisière des terres arables...

Il était atteint profondément, blessé au cœur..., il était amoureux.

L'amour est la plus étrange et la plus tenace des folies, — elle absorbe si bien un homme qu'il perd jusqu'au sentiment de la réalité; — et Jean, qui était un braconnier émérite, se conduisit ce jour-là comme un écolier.

Il revint sur le midi, harassé de fatigue et la carnassière vide.

C'était la première fois que le jeune chasseur s'en retournait bredouille.

Au moment où il sortait du petit bois de chênes qui dominait au nord Montmorin, il aperçut, dans une grande allée de marronniers qui s'étendait jusqu'au perron, la comtesse, toute seule, se promenant son ombrelle à la main.

Le cœur de l'adolescent se prit à battre avec violence, cependant il continua sa route vers elle, et elle vint à lui.

Madame Durand l'accueillit d'un sourire, un sourire charmant, qui eût occasionné un étourdissement au jeune M. Anacharsis-Charles de la Batillère.

— Bonjour, mon cousin, lui dit-elle.

— Bonjour, ma... bonjour... madame... balbutia-t-il en rougissant.

— Bon! fit-elle en riant; vous avez donc oublié que je vous ai prié hier de m'appeler « ma cousine. »

— Non, madame...,

— Encore!

— Non... ma cousine...

— Et d'où sortez-vous donc, monsieur le chasseur?

— J'ai fait un tour dans les bois.

— M'apportez-vous un lièvre? avez-vous tué quelque pauvre chevreuil?

Jean rougit comme un écolier pris en faute.

La veille, il eût rapporté pour le moins un brocard sur ses épaules.

Mais la veille il n'était point amoureux.

Et ce jour-là, sa distraction avait été telle qu'il n'avait pas même armé son fusil.

Un lièvre effronté avait roulé sous son pied sans courir aucun risque; Soliman, qui était un peu corniau, avait lancé un chevreuil.

Le chevreuil, à cette heure, broutait paisiblement les jeunes pousses des baliveaux.

— Ah! fit la comtesse d'un ton doucement railleur, vous revenez bredouille! pauvre cousin... c'était bien la peine de partir avant le jour...

Jean rougissait et baissait les yeux.

— Mais, continua madame Durand, quittez votre fusil et donnez-moi votre bras... et le beau chien!

Soliman arrivait, le nez au vent, et il frétillait sa courte queue, en chien qui sent son mérite et réclame une caresse et des éloges.

Madame Durand se plut, avec une grâce enfantine, à flatter de sa main le superbe animal.

— Donnez-moi votre bras, reprit-elle, et montrez-moi les environs du château. Vous devez les connaître.

— J'ai été élevé dans le pays.

— Où cela?

— Dans la maison de ma mère.

Jean rougit à ce nom.

— Et... où est-elle cette maison? insista la comtesse, est-ce bien loin?

— A un quart de lieue environ.

— Comment la nomme-t-on ?

— Le Val-Fourchu.

— Voilà un nom bien terrible...

Jean narra alors à la comtesse la légende diabolique qui avait fait donner à la vallée où se trouvait la ferme du bonhomme Guillaumier le nom de Val-Fourchu.

— Allons voir la maison de votre enfance, lui dit-elle alors; cette maison de votre mère! ajouta-t-elle avec un accent de tristesse charmante qui émut le jeune homme. Elle devait être bien belle, votre mère, n'est-ce pas ? continua-t-elle en le regardant.

Le cœur de Jean battait à se rompre. Une larme lui vint aux yeux :

— Oui, murmura-t-il, bien belle, en effet, madame.

— J'aurais bien voulu la connaître, mon cousin, continua madame Durand avec bonté.

La comtesse avait deviné, en parlant ainsi, le secret du commandeur, et elle savait bien qu'elle n'avait point affaire à un bâtard. D'ailleurs, sa conversation avec Pandrille le lui avait laissé entendre.

— Venez, reprit-elle, allons voir le Val-Fourchu.

Le pauvre Jean croyait rêver.

La comtesse parlait de sa mère avec respect, elle qui pouvait lui dire : Je ne la connais pas! je ne vous reconnais point pour mon parent...

Et elle demandait si sa mère était belle! elle aurait voulu la voir...

Cette femme, aux yeux de Jean, devint un de ces anges devant lesquels il se faut mettre à genoux.

Elle s'appuya sur son bras et ils prirent le chemin du petit vallon.

Pendant le trajet, elle le questionna sur son père, sur sa vie des champs, sur ses exploits de chasseur, sur ses rêves...

Nous sommes forcé d'avouer que la seule teinte d'instruction que Jean eût reçue lui venait des leçons paternelles du chapelain de Montmorin.

Mais il avait lu beaucoup.

Il y avait au manoir une vieille salle remplie de bouquins poudreux, livres de sciences ou romans de chevalerie ensevelis sous une vénérable couche de poussière, et Jean passait dans cette salle les pluvieuses journées d'automne et les neigeuses soirées d'hiver.

Donc, le jeune homme avait une teinte légère de toutes choses, il possédait un sens droit, un esprit pénétrant, et il répondit fort spirituellement aux questions de la comtesse, émerveillée d'avoir un cousin si bien éduqué et d'une raison aussi supérieure, malgré ses apparences rustiques.

La veille, sous la veste de velours brun du chasseur, elle avait admiré l'Antinoüs, l'homme de la nature, beau, énergique et fort ; aujourd'hui elle reconnaissait l'homme intelligent, le naturel aristocratique, la fleur des serres chaudes poussée au grand soleil de l'indépendance et de la solitude.

Ils arrivèrent ainsi à la petite ferme du Val-Fourchu, — maison inhabitée depuis plusieurs années, mais dans l'intérieur de laquelle tout était demeuré intact.

La comtesse, alors, voulut tout savoir, toucher à tout, avoir l'explication de chaque chose.

Elle s'assit sur l'escabeau où Rose s'asseyait d'ordinaire...

Elle voulut voir le rosier qu'elle avait planté.

L'arbre au pied duquel elle s'asseyait durant les ardeurs du midi.

Elle se promena dans la modeste demeure, et baisa le crucifix encore appendu au chevet du lit de la défunte.

Elle examina avec une joie naïve les enluminures qui décoraient la chambre, y mettant le même recueillement que s'il se fût agi des toiles d'un grand maître. Puis elle se fit raconter par Jean mille détails insignifiants, mille riens qui, pour l'orphelin, avaient un prix infini.

Et plusieurs fois une larme roula de ses beaux yeux sur sa joue,

Elle fit feu une seconde fois et me renversa sanglant sur le parquet. (P. 20.)

au souvenir de cette humble paysanne inscrite sur le registre mortuaire de la paroisse sous le simple nom de Rose Guillaumier, et qui, cependant, aurait pu s'appeler avec orgueil madame de Montmorin.

Jean était ivre de bonheur...

Ce cœur vierge, cette nature puissante de jeunesse et de séve, écoutait, auprès du lit de mort de sa mère, cette femme qu'il aimait, et qui semblait faire de sa douleur sa propre douleur; il l'écoutait avec cette joie innée et triste de ceux à qui l'on prodigue des consolations, et il se demandait s'il n'était pas en présence d'un véritable ange du ciel.

Avec ce tact de la femme d'esprit qui obéit toujours aux nobles impulsions du cœur, madame Durand arracha bientôt son jeune compagnon à ces pénibles souvenirs et elle le ramena à Montmorin.

C'est au moment où ils y arrivaient qu'ils rencontrèrent le commandant dans le parc.

La comtesse tendit alors sa belle main à Jean, le congédia d'un sourire et prit le bras de M. de Verteuil.

IX

— Eh bien, dit le commandant, lorsque la comtesse et lui se furent éloignés de Jean.

— Eh bien, je vous l'ai dit, répondit-elle, je trouve deux maris pour un.

— Vraiment ?

— Sans doute. Le premier a la cinquantaine et plus.

— Impossible ! le vieux marquis ?

— En habit vert-pomme, veste ventre-de-biche et papillotes. Vous n'avez donc pas écouté ses galanteries du déjeuner ?

— Ma foi ! exclama M. de Verteuil en riant, je ne les ai point prises au sérieux.

— C'est un tort.

— Sérieusement ? il vous a demandé votre main ?

— Très-sérieusement. Il m'a vous en souvenez, offert le bras après déjeuner, et il m'a emmenée sous un berceau de clématites, au fond d'une allée sombre.

— Peste !

— Durant le trajet, il m'a parlé des dangers du veuvage, de la position difficile d'une femme jeune et jolie encore, qui n'a plus de mari.

— Charmant !

— Il m'a même poussée sur un terrain des plus délicats, et je dois avouer qu'il s'en est tiré avec infiniment d'esprit.

— Quel est donc ce terrain ?

— Il a voulu savoir de quelle nature étaient nos relations.

M. de Verteuil éclata de rire :

— Et que lui avez-vous répondu ? dit-il.

— Je lui ai simplement conté notre vieille amitié.

— Et puis ?

— Arrivés sous le berceau, il m'a fait envisager tout ce qu'il y aurait pour moi de raison et d'esprit à rompre insensiblement avec ce monde un peu neuf dans lequel m'avait jetée mon mariage avec le général, à revenir à mon monde à moi, à mes vraies relations de famille, et à épouser un bon gentilhomme dont le nom fit oublier que je m'étais appelée madame Durand, nom honorable sans doute, ajoutait le marquis, du reste, mais d'illustration trop récente. Je devais chercher autour de moi un homme de la vieille roche, ni trop vieux ni trop jeune, qui eût encore les manières de l'ancienne cour, — et il m'a même demandé si j'aurais quelque répugnance à devenir marquise.

— Cette diplomatie est superbe ! murmura M. de Verteuil.

— Je le crois bien, dit la comtesse en riant, il est devenu plus pressant encore... ah ! j'oubliais... il faut que je l'avoue... cela m'amusait infiniment, et je l'ai un peu encouragé.

— C'est tout simple : qui dit femme, dit coquette.

— Bref ! poursuivit madame Durand, il a fini par se jeter galamment à mes genoux, m'a déclaré ses feux et m'a fait sa demande en mariage dans toutes les règles.

— Alors qu'avez-vous répondu ? vous avez refusé, je suppose ?

— On ne refuse jamais ces choses-là. On ajourne.

— Ah ! charmant !

— J'ai ajourné le marquis. Je lui ai demandé du temps... une semaine ou deux de réflexion... jusqu'à l'ouverture du testament de mon oncle... et la trouvaille du fameux diamant.

— Et vous l'avez ainsi congédié ?

— Non pas moi, mais le hasard.

— Comtesse, vous parlez comme un logogriphe.

— Mon deuxième soupirant est arrivé.

— Très-bien, je comprends.

Ah ! diable, fit Jean, il paraît que ça mord. (P. 26.)

— Je me trompe, c'est le père du soupirant.

— Ah ! s'écria M. de Verteuil, ceci est plus fort encore. Comment ! votre deuxième soupirant serait ce jeune petit niais, qui baisse constamment les yeux de si plaisante manière ?

— Précisément.

— M. Charles-Anacharsis, fils de M. le chevalier Arthur de la Barillère ?

— Tout juste. Le père est venu à moi, a salué le marquis froidement et s'est excusé d'avoir un entretien particulier à me demander.

Le marquis a pointé les oreilles comme un limier qui entend le son du cor, mais il s'est exécuté et a laissé le champ libre au chevalier.

— Je serais curieux de savoir comment il s'y est pris.

— Oh ! tout simplement, il m'a dit que son fils était à marier, et que, malgré quelques années de différence...

— Parfait ! murmura ironiquement M. de Verteuil. Il vous présentait la chose comme une bonne fortune.

— A peu près. Donc, malgré cette différence d'âge, il ne voyait aucun inconvénient à notre union. Il n'y mettait qu'une condition.

— Une condition ! par exemple !

— Oh ! une bagatelle : je me servirais de mon crédit auprès de l'empereur pour le faire entrer dans la magistrature.

Le commandant pouffa de rire.

— L'avez-vous pareillement ajourné ? demanda-t-il.

— Sans doute, comme le marquis ; et il m'a quittée plein d'espoir.

— Avez-vous vu depuis votre futur époux ?

— Pas encore, mais son père m'a annoncé qu'il se croyait autorisé à me faire sa cour.

— Bon ! murmura M. de Verteuil d'un ton boudeur, entre le marquis et Anacharsis, nous n'aurons plus un seul instant de liberté. Comtesse, vous êtes folle !

— Non pas, cher, je m'amuse. C'est très-divertissant, tout cela ! Et jusqu'à MM. de Franquepée, cherchant obstinément leur diamant... qui m'intéressent plus que je ne saurais le dire. Mais, s'interrompit la comtesse, à propos de diamant, pourquoi ne le chercherions-nous point un peu, nous aussi ?

— Bah ! existe-t-il ce diamant ?

— Sans doute, et je suis d'avis de le chercher également.

— Et si moi, qui ne suis point héritier, je le trouvais ? fit M. de Verteuil.

— Eh bien, vous le donneriez à quelqu'un que je vous désignerais.

Le commandant attacha sur la comtesse un regard interrogateur qui semblait vouloir scruter la plus secrète pensée de la jeune femme.

— Comtesse, dit-il, ne me cachez-vous rien ?

— Qui, moi ?... fit-elle en rougissant un peu.

— N'auriez-vous point un nouveau secret ?

— Peut-être... répondit-elle ; mais il fait grand soleil, mon cher, et les confidences se font au clair de lune. Revenez plus tard... on verra.

Mais soudain le front souriant de la comtesse parut s'assombrir ; elle devint sérieuse et triste, et dit à M. de Verteuil :

— Je viens de vous montrer le côté amusant de notre séjour à Montmorin ; mais je ne vous ai point encore mentionné le côté terrible.

— Plaît-il ? fit le commandant étonné.

— Savez-vous bien, continua-t-elle toujours inquiète, que je vais me trouver ici face à face avec un homme qui doit me haïr de toutes les puissances de son âme ?

— Allons donc ! fit M. de Verteuil, devenez-vous donc folle, madame ?

— Non, écoutez plutôt.

Et elle s'appuya sur le bras du commandant avec ce sentiment de la faiblesse se reposant sur la force, et obéissant à cette singulière mobilité d'impressions qui fait passer les femmes du rire aux larmes et du calme à l'effroi.

— Vous souvenez-vous qu'il y a six ans environ, en suivant mon mari le général Durand, je fus arrêtée par des soldats allemands que commandait un Français ?

— Oui, dit M. de Verteuil.

— Ce Français, poursuivit la comtesse avec émotion, m'entraîna dans une maison de garde-chasse ; puis, il oublia tout sentiment humain, toute retenue, toute loyauté. Si je ne me fusse fait justice moi-même en tirant successivement sur lui deux coups de pistolet, qui sait ce qu'il aurait fait de moi ?

— Je sais cela, dit le commandant ; je sais même que vous fûtes obligée de vous sauver à demi nue, de peur d'être rejointe par les soldats allemands, que vous errâtes une partie de la nuit dans les bois, et qu'un hasard providentiel vous fit tomber dans le chemin que parcourait un corps d'arrière-garde français qui vous recueillit.

— Eh bien, murmura la comtesse tout bas, cet homme que je croyais avoir tué, il est ici...

— Ici!

— Oui, ici; et je me suis trouvée face à face avec lui, hier.

— Mais qui donc?..

— Le comte de Maltevert, mon cousin.

Madame Durand était fort pâle en prononçant ces mots et faisant cet aveu.

— Il m'a reconnue, ajouta-t-elle, comme je le reconnaissais moi-même. Mais nous nous sommes compris..

— Le misérable! murmura M. de Verteuil.

— Nous nous sommes tacitement entendus, continua-t-elle, et tous deux, d'un regard, nous sommes demeurés d'accord de garder le silence sur notre rencontre.

— D'ailleurs, se hâta d'ajouter le commandant, ne craignez rien... ne suis-je point là?

Cet appel indirect fait à son courage suffit à ramener un sourire sur les lèvres de la comtesse.

— Je ne crains rien, dit-elle, et j'ai donné, j'imagine, une assez bonne leçon à mon cher cousin pour qu'il professe désormais pour moi le plus profond respect; mais la situation que me fait cette aventure vis-à-vis de lui ne laisse pas d'être embarrassante, et je vous avoue que son absence et celle de son frère, au déjeuner, m'a ravie.

— La honte et l'embarras doivent être pour lui, madame.

— Soit! mais j'ai une crainte...

— Laquelle?

— C'est que vous ne soyez le point de mire de sourdes hostilités.

— Bon! ne vous en inquiétez pas. Si le comte me pousse à bout, je le ferai taire...

— Un duel! et avec lui... ah! fit madame Durand avec dégoût.

Le commandant allait répliquer sans doute, lorsque l'arrivée d'un nouveau personnage, maître Pandrille, l'en empêcha.

M. l'intendant de Montmorin venait demander les ordres de la comtesse, habitude qu'il s'était juré de prendre chaque jour, afin de faire honneur à la nièce chérie de feu son maître. En outre, maître Pandrille tenait sous son bras les engins nécessaires à la pêche à la ligne, et comptait descendre au bord du Cousin Une passion irrésistible, une seule, dominait Pandrille. Le bonhomme n'était point simplement, et comme on aurait pu le croire, un intendant modèle et plein de dignité, après avoir été un cuisinier émérite et un valet de chambre intelligent; il possédait en outre un talent d'agrément : il péchait à la ligne!

Pandrille était né pêcheur de truites, comme on naît poëte ou mathématicien. Quand il avait jeté son hameçon, l'univers tout entier lui devenait indifférent, et lorsqu'une truite s'agitait au fond de l'eau limpide du Cousin, le manoir de Montmorin se fût écroulé que Pandrille n'y eût pas pris garde.

Pêcher une truite était pour le bonhomme l'action la plus glorieuse qu'il pût accomplir, et s'il détestait la plupart des cohéritiers du commandant, il n'en éprouvait pas moins un vif sentiment d'amour-propre lorsque le marquis de Nosrhéac, qui tenait à se bien faire venir de lui, disait à table à ses cousins :

— En vérité, messieurs, voici des truites d'une grosseur fabuleuse, et M. Pandrille est le seul intendant qui en ait jamais trouvé de pareilles.

— Quel dommage! pensait alors le bonhomme, qu'il y ait d'autres héritiers plus méritants, j'indiquerais le diamant au marquis.

Ces mots prononcés tout haut eussent bien étonné MM. les cohéritiers qui se doutaient fort peu que le commandant eût mis Pandrille dans tous les secrets de sa vengeance.

Mais Pandrille était un honnête homme, il avait juré et il tiendrait sa parole en gardant un profond silence. Seulement, il se croyait libre de faire des vœux, et il souhaitait ardemment que madame la comtesse Durand, par exemple, ou M. Jean, vinssent à trouver le fameux diamant.

La comtesse remercia Pandrille de ses offres de services, lui souhaita bonne pêche et le congédia.

Le digne intendant s'en alla, de plus en plus convaincu que madame Durand était, de tous les co-héritiers, la seule qui eût réellement sur les droits possibles à la tendresse d'outre-tombe de messire le commandeur défunt; il descendit par un petit sentier au bord de l'eau, s'assit à sa place accoutumée, amorça son hameçon, disposa sa ligne et s'abandonna à l'eau sur-le-champ.

Pandrille était vêtu d'une veste blanche, un grand chapeau de paille le préservait des ardeurs du soleil couchant ; et il avait cette majestueuse attitude qui sied si bien à l'homme qui comprend toute l'importance de la pêche à la ligne.

Il paraît, que pour ce genre d'exercice, le plus absolu silence est de rigueur, car l'intendant lâcha un juron et se retourna vivement, entendant marcher derrière lui, et prêt à apostropher l'importun qui se permettait ainsi de troubler sa majestueuse occupation, lorsqu'il reconnut Jean et se radoucit aussitôt. Un sourire lui vint aux lèvres à la vue de son jeune maître, et son visage exprima une satisfaction des moins douteuses. En quittant la comtesse, Jean avait repris son fusil et était allé tirer des cailles au bord de la rivière.

Là, il aperçut Pandrille, alla à lui et lui frappa sur l'épaule.

— Ah! diable! fit-il en souriant, il paraît que ça mord...

— Chut! fit l'intendant, chut!

— Bon; je m'en vais.

Et Jean fit un pas, Pandrille le retint d'un geste :

— Asseyez-vous donc là, dit il tout bas, et causons un peu.

A vrai dire, en dehors de l'amitié qu'il avait pour le vieux serviteur de son père, le fils du commandeur était attiré vers Pandrille, ce jour-là, par un motif sérieux.

Jean était amoureux, Jean se l'avouait à lui-même, et il éprouvait le besoin de le confier à quelqu'un.

L'amour sans confident est chose si difficile que cela ne s'est jamais vu. Or, le cœur de Jean éclatait, il avait besoin de s'épancher, et Jean n'avait d'autre ami que Pandrille.

— Hé ! hé ! lui dit l'intendant, vous êtes bien heureux, monsieur Jean.

— Moi? fit le jeune homme en rougissant. .

— Parbleu !

— Pourquoi heureux ? fit-il.

— Parce que vous êtes dans les bonnes grâces de votre belle cousine.

Jean devint cramoisi.

— Je vous ai vus passer tous deux, continua le bonhomme en clignant de l'œil, vous ressemblez joliment à deux amoureux.

— Tais-toi, Pandrille, tais-toi !

— Ma foi ! il y en a de plus laids, après tout, monsieur Jean. Vous êtes fait au tour ; et les marquises, s'il y en avait encore, raffoleraient de vous. Quant à madame la comtesse, vous savez si elle est belle !...

— Mais tais-toi donc, bavard ! murmura Jean ravi, les truites ne mordront pas.

— Allons donc ! répondit l'intendant d'un air de triomphe, voyez plutôt.

L'eau, en effet, s'était légèrement agitée à sa surface, la ligne avait fléchi brusquement, entraînée par le poids, et Pandrille avait rejeté vivement sur le gazon une truite magnifique.

— Je vous disais donc, poursuivit-il, que vous étiez amoureux de la comtesse.

— Moi? balbutia Jean tout ému.

— Parbleu ! et vous veniez même me le conter, n'est-ce pas ?

Et Pandrille sourit d'un air mystérieux et fin qui semblait dire : Fiez-vous-en à moi, je ferai vos affaires.

— Tu crois ? demanda naïvement le jeune homme.

— Je crois bien d'autres choses encore.

— Ah! et que crois-tu ?

— Que la comtesse n'est point fâchée de votre amour.

— Mais elle l'ignore...

— Bon !

— J'aimerais mieux mourir mille fois...

— Allons donc ! mon jeune maître, les femmes n'ont jamais besoin qu'on leur dise de ces choses-là, elles devinent...

De rouge qu'il était, Jean devint tout à coup fort pâle.

— Comment ! murmura-t-il, tu crois qu'elle s'est aperçue que je l'aimais?

— Aussi bien que moi.

— Oh ! exclama le pauvre garçon d'un ton désolé, alors j'en mourrai de honte.

— Pourquoi donc, monsieur Jean ?

— Mais parce que mon amour est une impertinence.

— Bah ! et comment?

— Tu oublies donc...

— Ah ! oui, dit négligemment Pandrille, votre naissance... Bah ! après tout, n'êtes-vous pas son cousin? et puis aujourd'hui, voyez-vous, après la révolution... on passe sur bien des choses.

Le cœur de Jean tressautait dans sa poitrine, comme s'il eût dû la briser.

Pandrille souriait de l'émotion du jeune homme et, pour la première fois peut-être, il avait des distractions à la pêche.

— Après tout, continua-t-il, pourquoi ne l'épouseriez-vous pas ?

— Ah ! murmura Jean d'une voix étouffée, tais-toi.

— Elle est veuve, la comtesse.

Jean tremblait de tous ses membres.

— Vous serez riche...

— Moi ?

— Tiens, fit naïvement l'intendant, croyez-vous pas que M. le commandeur vous a oublié sur son testament ?

— Mais... les autres ?

— Qui, les autres ?

— Les cohéritiers.

— Ah ! fit Pandrille d'un air modéré, vous finiriez par me faire jaser. Bonsoir, monsieur Jean, bonsoir !

— Tu me renvoies ?

— Non ; mais je ne veux rien vous dire. Seulement je vais vous donner un bon conseil.

— Parle.

— Vous aimez la comtesse, n'est-ce pas ?

— Oh ! dit-il en comprimant les battements de son cœur.

— Eh bien, tâchez qu'elle vous aime. Le reste ira tout seul.

— Mais... le moyen ?

— Ah ! dame ! cherchez.

— Je donnerais ma vie pour elle !

— Tarare ! la belle avance ! si vous donnez votre vie pour elle, vous ne l'épouserez pas, bien certainement. Cherchons autre chose. L'amour vient tout seul.

— Tu crois donc qu'elle pourrait m'aimer ? balbutia-t-il.

— Certainement.

— Mais que faire, mon Dieu ! que faire ?

— A votre place, et tout bien réfléchi, je ne ferais rien du tout.

Jean frémissait d'émotion et regardait Pandrille d'un air éperdu.

— Tu railles Pandrille.

— Non, certes !... Tenez, il me vient une idée.

Jean se prit à écouter de ses deux oreilles.

— Je chercherais le diamant, moi, et je tâcherais de le trouver. Ce serait un assez joli cadeau de noces, hein ?

— Mais ce diamant est au château ?

— C'est probable.

— Et tu le sais bien, puisque tu me l'as conseillé toi-même, que je n'y entre jamais.

— Eh bien, vous y entrerez maintenant.

Jean, fort étonné, regardait Pandrille.

— Quand vous n'aviez au château que des ennemis, c'était fort sage à vous de n'y point aller, continua l'intendant ; mais à présent que la comtesse s'y trouve, vous avez un motif suffisant.

— Tu parles d'or, Pandrille ; mais le diamant... existe-t-il ?

— Il existe.

— Je gage que tu sais où il est ?

— Peut-être...

— Tu ferais bien mieux alors de me l'indiquer tout de suite.

— Nenni, monsieur Jean.

— Et pourquoi donc ?

— Parce que j'ai juré à feu M. le commandeur de ne point trahir le secret. Je puis, cependant, vous donner un renseignement.

— Parle ! interrogea avidement le jeune homme.

— Voici, dit Pandrille. Le diamant est dans un coffre de fer, le coffre est scellé dans une pierre ; et si vous trouvez le coffre et la pierre, il faudrait vous munir de fameux outils pour extraire le diamant d'une pareille enveloppe.

Au moment où Pandrille achevait de préciser ce détail, le bruit des pas de plusieurs chevaux se fit entendre sur la berge, à une faible distance.

— Tiens, dit l'intendant, voici ces messieurs, le comte et le vicomte de Maltevert. Si vous cherchez le diamant, ils cherchent un souterrain, eux...

— Hé ! hé ! murmura Jean, qui sait si le souterrain ne renferme pas le coffret ?

Mais Pandrille ne répondit pas ; il semblait entièrement absorbé par les ondulations de sa ligne sur l'eau.

Seulement, il souriait en lui-même et trouvait que Jean avait bien de l'esprit.

X

Les deux Maltevert passèrent au galop, à cent pas de Jean et de Pandrille, qui étaient à moitié dissimulés par une touffe de saules, et ne les aperçurent point.

Le comte et son frère étaient grands chasseurs, et depuis leur arrivée à Montmorin, ils partaient tous les matins avec un piqueur et un petit équipage de huit chiens, lesquels chassaient tout, depuis le lièvre jusqu'au sanglier.

Mais ce jour-là, après une nuit d'insomnie, Hector de Maltevert n'avait mis le pied à l'étrier que pour essayer de calmer par le grand air et les émotions, que tout veneur passionné éprouve à chaque accident, à chaque épisode prévu ou imprévu d'un laisser-courre, la fièvre qui brûlait son front et son âme.

Cette sombre et mystérieuse passion qu'il avait conçue pour la comtesse, qui s'était accrue longtemps par le désespoir même et la pensée qu'il ne la reverrait jamais ; cette passion, qui n'avait fini par s'assoupir qu'au vent de l'ambition politique et des soucis sans nombre du courtisan, se réveillait tout à coup vivace, inexorable, et lui mettait l'enfer au cœur.

Pendant toute la nuit, accoudé à sa fenêtre, la tête dans ses mains, le comte avait fait mille projets, mille rêves auxquels le silence, l'obscurité et son exaltation semblaient donner une apparence de réalité, un espoir de réussite ; il voyait la comtesse lui pardonnant enfin en faveur de leur étroite parenté, et lui abandonnant sa main, touchée qu'elle était de son amour.

Puis encore, cet homme, déjà rongé d'ambition et qui, depuis tant d'années, mesurait d'un regard hardi les cimes ardues du pouvoir et de la faveur, cet homme se reprenant à ce rêve de grandeur dont le bâton de feld maréchal était le dénouement ; et alors, il voulait mettre aux pieds de la comtesse ce bâton d'honneur, ces épaulettes d'or, ces croix, ces insignes de la faveur impériale, afin de pouvoir lui dire : J'ai été coupable, mais ne puis-je réparer mon crime en devenant votre esclave ?

Une fois entré dans cette série d'espoirs frénétiques, le comte avait vu s'envoler les heures sans y prendre garde ; il n'avait point entendu résonner régulièrement cette grande horloge qui mesurait le temps à Montmorin, placée dans la cage de chêne, sur le premier repos du grand escalier du vieux manoir.

Et le jour était venu...

Avec le jour, le sentiment de la réalité avait repris le dessus dans l'esprit du comte, et il avait essayé d'envisager froidement sa situation vis-à-vis de madame Durand, se souvenant que la comtesse lui avait lancé, à six années de distance, ce regard dédaigneux et glacé dont elle l'avait accablé pendant cette nuit terrible où elle se trouva en son pouvoir.

Ce regard disait la haine et le mépris de la comtesse ; et bien qu'on prétende que de la haine à l'amour il n'y a qu'un pas, quand la haine exclut du mépris, l'amour est impossible.

Alors Hector de Maltevert sentit renaître en lui cette irritation sourde et implacable provoquée par le dédain de celle qu'il aimait ; une fois de plus, il se demanda ce qu'il croyait être en lui de l'amour n'était point au contraire un ardent désir de vengeance...

Et le kaiserlitz, usant du droit de la guerre, reparut en lui, et il fit le serment que tôt ou tard la comtesse lui appartiendrait corps et âme.

Les fatigues, les émotions de la chasse, parvinrent à calmer momentanément son exaltation fiévreuse ; mais, vers le soir, il fut atteint d'une morne tristesse et se trouva en proie à un découragement profond.

Ce fut en cet état qu'il revint au manoir et s'enferma dans sa chambre, insensible aux douces et bonnes paroles de son frère, qui essayait de lui donner quelque espoir.

— Non, non, lui dit-il d'une voix étranglée par la fureur, elle me hait...

La cloche qui annonçait l'heure des repas à Montmorin vint arracher Hector à sa noire mélancolie.

Tout d'abord, frissonnant à la pensée seule qu'il allait se trouver en face d'elle, il voulut demeurer chez lui et ne point descendre à la salle à manger ; et puis, cet instinct qui pousse l'homme au-devant de la souffrance l'emporta... il voulut la voir ! il songea avec une amère volupté qu'il aurait à supporter encore ce regard haineux et plein de mépris qui l'avait poursuivi durant six années, se mêlant à tous ses souvenirs, emplissant tous ses rêves... Et il frissonna de joie et de terreur en même temps.

Un attrait invincible l'entraînait !

Lorsque M. le comte Hector de Maltevert entra dans la salle à manger, tous les cohéritiers s'y trouvaient déjà.

Chacun d'eux, à l'exception des Franquépée, qui continuaient à bouder la comtesse comme une femme mésalliée, chacun d'eux, disons-nous, s'empressait auprès de la belle comtesse, laquelle avait dépouillé son humeur soucieuse et faisait les honneurs du souper avec une grâce parfaite.

M. de Nosrhéac était adorable de laisser-aller régence et d'anacréontisme; sa conversation était un madrigal sans fin qu'il tournait galamment en regardant la belle veuve.

M. le chevalier Arthur de la Barillère prenait avec elle un ton protecteur du meilleur augure et qui sentait son futur beau-père d'une lieue.

Et M. Charles Anacharsis, le timide fiancé, tressaillait d'aise et passait par toutes les couleurs de l'arc-en-ciel en voyant le digne auteur de ses jours si bien conduire les négociations.

Quant au commandant, il avait entamé conversation avec l'aîné des Franquépée, qui, malgré leurs divergences en matière d'opinion, était enchanté de trouver à qui parler et daignait adresser la parole à l'officier de Bonaparte.

Pour Bontemps de Saint-Christol, il mangeait et professait *in petto* peu d'estime pour les gens qui causent à table et perdent ainsi un temps précieux.

La comtesse fut frappée du visage abattu d'Hector, lorsque le comte vint la saluer; elle devina qu'il avait souffert, et elle en eut pitié.

Aussi son sourire, ce sourire qu'elle lui adressa comme à son cousin, fut-il exempt de ce mépris dont elle l'avait accablé la veille.

— Bonjour, mes cousins, dit-elle, les saluant tous deux avec sa grâce habituelle.

Cet accueil fit bondir le cœur du comte dans sa poitrine, et il lui sembla que sur sa plaie saignante un baume tombât goutte à goutte.

Durant le repas, il osa lui adresser quelquefois la parole d'une façon insignifiante, et elle lui répondit; et sa voix était calme, sans aigreur, indifférente comme la voix de ceux qui ne sont livrés à aucune préoccupation, à aucun souvenir poignant.

— Aurait-elle donc oublié? pensa-t-il.

Mais le regard dont elle l'avait enveloppé la veille pesait encore sur le cœur d'Hector comme une pointe d'épée, et cette illusion d'une seconde pouvait-elle résister à un pareil souvenir?

Si le souper de la veille avait été froid et compassé, celui du lendemain en revanche fut d'une gaieté charmante; et la comtesse proposa au convives une promenade dans le parc.

— La nuit, dit-elle, sera magnifique et tiède comme une nuit d'été, et c'est chose charmante que se promener au clair de lune.

Sans doute, le marquis de Nosrhéac avait songé déjà à offrir son bras à la comtesse pour lui continuer sa cour, tandis que M. le chevalier Arthur de la Barillère méditait, de son côté, de forcer la belle veuve, par une manœuvre savante, à prendre celui du jeune Anacharsis; alors, peut-être, que madame Durand, qui prévoyait cet empressement de ses soupirants, comptait s'appuyer sur M. de Verteuil, lorsque Hector de Maltevert, obéissant à cet accès d'audace désespérée qui, bien souvent, transforme les vaincus en triomphateurs, dit à la comtesse à mi-voix, mais de façon à être entendu et pour qu'il ne pût être refusé :

— Ma cousine me refusera-t-elle d'accepter mon bras pour cette promenade qu'elle a proposée ?

La comtesse tressaillit à cette brusque proposition. Cependant elle domina son trouble sur-le-champ :

— Non, certes, monsieur mon cousin, répondit-elle. Nous avons, du reste, bien des souvenirs d'enfance à nous rappeler.

Et la comtesse se leva de table, et, sans hésitation aucune, elle prit le bras d'Hector de Maltevert, au grand désappointement du vieux marquis, du chevalier Arthur et de son fils.

M. de Verteuil aurait bien voulu suivre la comtesse, mais il était retenu par M. de Franquépée aîné, lequel venait de faire en lui une découverte qui l'avait comblé de joie, en lui faisant oublier à moitié que le commandant servait l'Empire.

M. de Verteuil savait le blason!

Or, non-seulement M. de Franquépée faisait de cette science le cas que tout bon gentilhomme en doit faire, mais encore il ne savait absolument rien du dehors. Le seul livre qu'il eût jamais étudié était une grammaire héraldique.

— Laissons donc ces jeunes fous aller s'enrhumer, avait-il dit au commandant; nous sommes fort bien ici. D'ailleurs, il n'est meilleure digestion que celle qui se fait à table.

Et M. de Franquépée aîné qui, décidément, représentait à Morin le parti de l'opposition vis-à-vis de madame Durand, retint, bon gré, mal gré, M. de Verteuil à la salle à manger.

Quant à M. Bontemps de Saint-Christol, il fit un signe intelligent à Pandrille, lequel lui fit rapporter un certain gâteau de Savoie pour lequel l'honnête gentilhomme avait plusieurs fois cligné de l'œil, ce qui, chez lui, était un signe non équivoque de satisfaction.

XI

Cependant, et malgré la répulsion secrète que lui inspirait Hector de Maltevert, la comtesse s'était appuyée sur son bras et s'était laissé entraîner au fond du parc, vers cet endroit même où, la veille, il avait raconté son frère l'histoire étrange de son amour pour elle. Le cœur d'Hector battait à rompre sa poitrine, et ce ne fut qu'au bout de quelques instants de silence qu'il parvint à dominer l'émotion qui le serrait à la gorge :

— Vous souvient-il, madame, dit-il alors, que dans notre première enfance, avant cette révolution terrible qui nous a chassés de France, nous nous rencontrions au château d'Arcy?

— Oui, répondit la comtesse, j'avais huit ou neuf ans alors; vous en aviez douze peut-être.

— C'est cela même... madame.

Et le comte soupira.

— Ah! dit-il, les événements, les révolutions ne nous avaient point séparés encore, alors; vous étiez la fille du baron de Villemur, et le baron de Villemur était le frère du comte de Maltevert, mon père.

— Monsieur, répondit la comtesse, je ne crois pas que les événements politiques aient le pouvoir de briser les liens du sang.

— Vous croyez ? fit le comte avec un tressaillement de joie.

— Non, certes, dit-elle avec calme.

— Ainsi vous vous souvenez de notre enfance, des projets de nos pères...

— Quels projets? demanda la comtesse.

— Oh! murmura-t-il, ces projets ne sont plus réalisables aujourd'hui.

Madame Durand garda le silence.

— Ainsi, reprit le comte, les instincts sacrés de la famille ne sont point morts en vous, madame, en dépit de ce mariage qui vous a fait passer de notre camp dans le camp de l'ennemi?...

— Mais, mon cousin, interrompit la comtesse avec un calme parfait, laissez-moi donc me défendre un peu sur cette fameuse accusation de mésalliance dont m'accable notre famille, et qui m'attire la bouderie de MM. nos cousins de Franquépée.

— De vieux imbéciles! murmura le comte avec colère.

— J'ai épousé le colonel Durand, depuis général, poursuivit-elle, parce qu'il était beau, brave, dévoué à la France et que je l'aimais...

Ce dernier mot pénétra comme un fer rouge au cœur du comte.

— Oh! dit-il, ne parlez point ainsi, madame.

— D'ailleurs, si mon mariage m'a fait taxer de défection, ne peut-on vous faire un reproche plus sérieux, à vous ?

— Je vous comprends! s'écria le comte saisissant avec empressement cette occasion qui se présentait pour lui d'arriver peut-être à discuter ce mépris dont la comtesse l'accablait, et qui semblait provenir de sa naturalisation à l'étranger; je vous comprends, madame, vous allez me reprocher de servir l'Autriche?

— Peut-être... dit-elle.

— Ah! dit-il avec une sourde ironie, croyez-vous que je puisse aimer cette nation française qui a fait tomber la tête de mon roi, emprisonné les vieillards et les femmes, envoyé nos pères à l'échafaud après leur avoir volé leurs biens? Eh bien! oui, madame, la Révolution de 89, c'est mon opinion, a délié tout gentilhomme du serment de fidélité envers la patrie. Je ne suis plus Français, je suis Autrichien; et la franchise avec laquelle je le proclame devrait m'épargner ce mépris dont vous m'accablez depuis si longtemps.

— Depuis si longtemps? fit la comtesse avec un calme parfait; vous êtes fou, monsieur; je ne vous connais que depuis hier soir.

Hector sentit un frisson d'angoisse parcourir ses veines. Il regarda la comtesse; elle était souriante et calme.

— Mon Dieu! dit-il, avez-vous donc oublié?... Ah! ce regard, ce sourire de mépris dont vous m'avez accablé... il y a six ans... dans la Forêt-Noire...

— Monsieur, interrompit la comtesse, je crois, je vous le répète, que vous êtes fou, et j'ignore ce que vous voulez dire...

Hector poussa un cri et jeta sur elle ce regard égaré de l'homme qui croit commettre une méprise. Un moment, à la vue de cette femme souriante, froide, contenue, qui levait les yeux sur lui sans pâlir, il crut être le jouet d'un rêve ou plutôt être abusé par une de ces ressemblances fatales comme il en existe quelquefois; mais ce doute eut la durée d'un éclair.

— Non, non, dit-il, c'est bien vous! vous, madame, que j'ai arrêtée, conduite prisonnière dans la maison d'un garde-chasse; vous dont j'ignorais le nom et vers qui m'entraîna au même une passion fatale; vous enfin, madame, que j'ai eu l'infamie d'outrager et qui m'avez puni...

La comtesse gardait le silence, et il y avait tant de repentir et de douleur dans la voix d'Hector, qu'elle se sentait émue.

— Ah! plût à Dieu que ces deux balles qui ont déchiré ma poitrine m'eussent donné la mort! continua-t-il avec exaltation; plût à Dieu, madame, que je ne me fusse jamais souvenu... car, acheva-t-il d'une voix étouffée, depuis lors je vous aime, madame; depuis cette heure fatale votre nom erre sur mes lèvres sans cesse, votre image est toujours vivante au fond de mon cœur; et hier, j'ai cru, en vous reconnaissant, que j'allais mourir de douleur et de joie en même temps...

— Assez, monsieur, interrompit froidement la comtesse.

Et puis elle l'enveloppa, une fois encore, de ce regard chargé de mépris qui lui mettait le désespoir au cœur:

— Je voulais oublier, ajouta-t-elle, et mon oubli était un pardon. Mais vous venez me parler d'amour, monsieur, à moi que vous avez voulu traiter comme la femme du vaincu... Ah! c'est trop d'audace, en vérité! et vous oubliez qu'entre vous et moi, les événements, comme vous dites, ont creusé un abîme! D'ailleurs, acheva-t-elle avec un sourire d'une mortelle ironie, vous êtes Autrichien, monsieur, et je suis demeurée Française!

XII

Hector était devenu pâle de colère et de honte en écoutant la rude apostrophe de la comtesse. Aucun mot ne put jaillir de sa gorge crispée par l'émotion, et il se contenta de porter la main à son cœur par un geste désespéré.

Un moment il chancela comme un de ces grands arbres déracinés par la tempête et qui n'attendent pour s'abattre sourdement sur le sol qu'un dernier souffle de vent; et comme eux, sans doute, il fût tombé aux pieds de cette femme qui tuait ainsi son amour et ses espérances d'un seul mot, si à quelques pas, derrière la comtesse, une silhouette d'homme ne se fût brusquement dessinée.

Alors cet homme, en l'âme de qui l'orgueil avait d'énergiques racines, cet homme foudroyé et qui semblait appeler la mort à son aide, retrouva la vie, le mouvement, la parole, comme par enchantement; il se redressa fier et hautain d'abattu qu'il était, un sourire où la haine imprimait son stigmate implacable, arqua ses lèvres; et lorsque M. de Verteuil s'approcha d'eux, il avait l'attitude la plus naturelle du monde. Seulement, il avait eu le temps d'adresser à la comtesse un de ces regards gros d'orages où le désir de la vengeance l'emporte enfin sur l'amour.

C'était, en effet, M. de Verteuil qui, débarrassé enfin de M. de Franquépée aîné, et inquiet de savoir la comtesse au bras de son cousin, venait la rejoindre.

— Mille pardons, madame, dit-il en saluant Hector avec une froide courtoisie, troublerais-je un entretien confidentiel?

— Nullement, répondit la comtesse. Nous causions de l'Allemagne avec M. de Maltevert.

— En effet, dit Hector en rendant le salut.

— De la Forêt-Noire... poursuivit madame Durand.

Hector tressaillit de colère et regarda le commandant; il crut voir un sourire indécis éclairer à demi son visage. Ce sourire était une raillerie sourde.

— Ah! pensa le comte hors de lui, mais dissimulant encore sa fureur, il a, mon secret.

— En effet, dit alors le commandant, M. le comte a parcouru la Forêt-Noire en tous sens, je crois.

Ces mots, prononcés d'un ton moqueur, ne laissaient plus de doutes au comte. Le commandant avait reçu les confidences de madame Durand.

— Ah! murmura celui-ci en lui-même, je tiens donc ma vengeance. Voyons si elle m'humiliera toujours impunément.

Et M. de Maltevert toisa insolemment M. de Verteuil.

— Vous avez une excellente mémoire, je m'en aperçois, monsieur. Le commandant s'inclina.

— Vous trouvez? dit-il.

— J'en suis persuadé, monsieur, et j'en suis affligé pour vous.

— En vérité! ricana M. de Verteuil.

— Oui, dit le comte, car madame Durand, que voilà, et qui, je le vois, n'a point de secrets pour vous, doit vous avoir raconté notre rencontre dans la Forêt-Noire.

La comtesse recula d'un pas, stupéfaite de l'audace d'Hector.

— Et cela, poursuivit-il avec un calme où perçait sa froide et terrible irritation, avec de minutieux détails, sans doute...

— Peut-être... murmura M. de Verteuil, non moins étonné.

— En ce cas, monsieur, reprit Hector, toujours calme et poli, je vous plains réellement de posséder une excellente mémoire.

— Pourquoi, s'il vous plaît?

— Parce que vous souvenez bien certainement de tous ces détails, ce qui m'est fort désagréable.

— Je le comprends, fit le commandant avec un sourire hautain.

— Or, acheva Hector, quand un homme possède un secret qui me concerne, cet homme me paraît de trop en ce monde...

Et le comte, jetant à sa cousine un regard de triomphe, tira délicatement un de ses gants et le laissa tomber aux pieds du commandant.

Madame Durand poussa un cri.

— Mon Dieu! madame, lui dit-il froidement, je ne puis pas demander à une femme raison de l'outrage qu'elle vient de me faire; il est des regards qui soufflètent et des sourires qui tuent... Vous m'avez souffleté tout à l'heure, et peut-être en mourrai-je... laissez-moi donc mourir à moitié vengé.

La comtesse était pâle et si émue qu'elle ne put prononcer un mot.

— M. le comte de Maltevert a raison, dit le commandant en relevant le gant qui gisait à ses pieds; c'est moi qui vous vengerai, madame.

Puis, il regarda Hector.

— Je suis à vos ordres, dit-il. Demain, au point du jour, si vous voulez... là-bas, au bord du Cousin... l'épée ou le pistolet... peu importe!

— Allons donc, monsieur! s'écria le comte en riant au nez du commandant avec une mortelle ironie, n'allez-vous pas dormir avec mon gant en guise d'oreiller? Je sais bien que les Français d'aujourd'hui ont des façons singulières de tirer vengeance d'une insulte. Ils attendent au lendemain, après s'être choisi des témoins. Autrefois, monsieur, quand il y avait une noblesse en France, deux gentilshommes pris de querelle dégaînaient sur-le-champ, sous un réverbère ou au clair de lune.

Et le comte porta la main à la garde de son épée.

Un nouveau cri, cri d'angoisse et de terreur, échappa à la comtesse.

— Madame, lui dit Hector, vous savez le motif de la querelle, pourquoi ne nous serviriez-vous pas de témoin?

— Soit! dit M. de Verteuil en dégaînant à demi son épée.

Les trois personnages de cette étrange scène se trouvaient alors à l'extrémité nord du parc, dans le lieu le plus sauvage et le plus isolé.

Aucun des cohéritiers n'avait dirigé sa promenade vers cet endroit, et les deux champions étaient parfaitement seuls, en présence de madame Durand, chez laquelle la nature féminine avait repris le dessus et qui tremblait comme les feuilles d'automne que les bises de novembre détachent des grands arbres jaunis et dépouillés.

— Voyons, monsieur, dit le comte, hâtons-nous; on peut venir... et il ne faut pas mettre tout le château dans les secrets de la Forêt-Noire que vous possédez si bien.

— A vos ordres, répondit le commandant.

Les deux adversaires s'éloignèrent de quelques pas et mirent l'épée à la main.

La vue des épées nues sembla rendre à la comtesse, en lui arrachant une mortelle exclamation d'effroi, un peu de cette énergie et de cette présence d'esprit dont elle avait tant de fois donné des preuves. Elle se jeta entre le comte et M. de Verteuil, et leur dit:

— Arrêtez! vous ne vous battrez pas!

— Impossible! murmura le commandant.

— Allons donc ! fit le comte.

— Messieurs, dit-elle avec une émotion qui la rendait mille fois plus belle encore, je suis la cause de cette querelle, j'ai bien le droit d'en prevenir les suites. Vous, monsieur de Verteuil, au nom de notre vieille amitié, obéissez-moi... Vous, monsieur, si tout à l'heure ce vous ai blessé, outragé, pardonnez-moi...

Et la comtesse prit une attitude suppliante vis-à-vis d'Hector.

Une heure auparavant, M. de Maltevert eût tressailli de joie et se fût estimé le plus heureux des hommes en voyant la fière comtesse humble et suppliante devant lui ; mais à présent elle avait comblé la mesure du dédain et de l'insulte, et, à son tour, le comte était implacable.

— Madame, dit-il froidement, vous ne voudriez pas, j'imagine, me laisser supposer que M. de Verteuil est plus encore votre ami qu'on le croit, en descendant avec moi jusqu'à la prière pour ménager ses jours.

Cette fois le comte se vengeait et rendait ironie pour ironie, dédain pour dédain, outrage pour outrage...

La comtesse jeta un cri de fureur ; le rouge de la honte monta à son front, et elle s'écria, en regardant M. de Verteuil :

— Oh ! maintenant, monsieur, maintenant battez-vous, et tuez cet homme qui me calomnie, tuez le !

Et Hector de Maltevert la vit redevenir cette femme hautaine et dédaigneuse qu'il avait vue, six années auparavant, le braver de son regard et de son sourire.

Elle s'écarta de quelques pas, calme, froide, irritée ; et, croisant ses bras sur sa poitrine, elle voulut voir ce combat et faire des vœux pour le défenseur de sa famille.

Le comte et M. de Verteuil mirent l'épée à la main et s'attaquèrent avec une fureur, un acharnement inouïs ; et, pâle d'angoisse et d'émotion, madame Durand put entendre pendant quelques minutes le bruit du fer croisant le fer, et celui des respirations pressées et haletantes des deux adversaires.

Mais il arriva alors ce qui arrive presque toujours en affaire de duel, l'insulteur se trouva l'heureux et l'habile ; l'offensé, celui qui semblait avoir le droit pour lui, fut le vaincu.

Pendant sa brillante et courte carrière militaire, M. de Verteuil avait peu hanté les salles d'armes et négligé l'escrime pour la lutte plus glorieuse des champs de bataille ; M. le comte de Maltevert, au contraire, avait obéi à toutes les traditions du gentilhomme ; il tirait comme feu Saint-Georges lui-même.

Le commandant, profitant d'un moment où son adversaire se découvrait à demi par une feinte habile, se fendit à fond ; mais l'épée du comte revint à la parade, détourna le coup, et, atteint lui-même en pleine poitrine, M. de Verteuil tomba en laissant échapper son épée.

La comtesse jeta alors un cri terrible, un seul !

Ce cri était un anathème jeté à la face du vainqueur, et il perça le cœur du comte, bien mieux qu'eût pu le faire l'épée de son adversaire.

Au cri de la comtesse, on accourut de tous les côtés, tandis qu'elle se penchait avidement sur le blessé.

M. de Verteuil respirait encore, et il n'avait point perdu connaissance.

— Merci ! dit-il, ce n'est rien... je n'en mourrai pas !

Le marquis de Nosrhéac et M. de Franquepée jeune furent les premiers qui arrivèrent sur le théâtre du combat ; puis, derrière eux, le vicomte de Maltevert, le jeune Anacharsis de la Barillère et Pandrille. Et tous s'arrêtèrent un instant, frappés de stupeur à la vue de cette femme désolée, se penchant sur cet homme baigné dans son sang, tandis que stupide, sans voix, sans regard, le vainqueur demeurait immobile, appuyé sur son épée fumante.

Le comte Hector comprenait qu'il venait d'élargir encore cet abîme qui le séparait de celle qu'il aimait. . . . .

On transporta le commandant au château. Là, Pandrille, qui avait acquis autrefois et à ses propres dépens quelques connaissances en chirurgie, déclara que la blessure, bien que profonde, n'était point mortelle, et que M. de Verteuil en serait quitte pour garder le lit quelques jours.

Alors seulement la comtesse respira, et ses beaux yeux pleins de larmes brillèrent d'un éclat de joie...

Ces larmes et cette joie furent, pour M. de Franquepée aîné, une bonne fortune de médisance.

— Vous le voyez, messieurs mes cousins, dit-il à ceux des cohéritiers qui s'étaient rassemblés dans la salle à manger, cela ne fait plus l'ombre d'un doute pour moi ; notre belle cousine et l'officier de Bonaparte... Vous comprenez ?

A ces mots, M. de Nosrhéac eut froid au cœur et sentit fondre le fard de ses joues...

Et M. le chevalier Arthur de la Barillère s'écria, indigné :

— Ah ! messieurs mes cousins, quelle abomination ! Quand on songe que j'aurais eu la faiblesse, peut-être, de permettre à mon fils de l'épouser.

— Mais, hasarda M. le vicomte de Franquepée, en levant sur son aîné un regard timide, sait-on la cause du duel ?

Raoul de Maltevert se chargea de répondre, car il entrait précisément dans la salle.

— Messieurs, dit-il, M. de Verteuil a gravement insulté mon frère, à propos de politique, et mon frère a dû venger son honneur. Du reste, le commandant et lui se sont rencontrés en Allemagne, au siége de Vienne, et leur animosité date de longtemps.

L'explication était satisfaisante ; personne ne s'avisa d'en révoquer en doute la véracité. Il n'y eut que M. de Franquepée aîné qui ajouta :

— Il est fort gentil, ce M. de Verteuil ; mais, après tout, c'est un officier de Bonaparte, et vous avouerez, messieurs mes cousins, qu'après ce que nous savons de ses relations avec une femme qui, hélas ! est notre parente, nous serions trop bons, en vérité, de le plaindre plus qu'il ne le faut.

— Amen ! murmura le vieux marquis de Nosrhéac, qui enrageait d'avoir vu pleurer la comtesse.

— Qui sait s'il n'en mourra pas ? murmura le timide Anacharsis de la Barillère, que l'amour rendait féroce et qui eût voulu voir le commandant cousu dans son linceul.

— Allons donc ! repondit Pandrille qui entrait, il sera sur pied dans huit jours, à la disposition de chacun, ajouta l'intendant d'un ton significatif, en regardant du coin de l'œil le timide Anacharsis.

Le rejeton de M. le chevalier Arthur de la Barillère se sentit frissonner jusques au fond de l'âme, comme si déjà il eût senti l'épée du commandant traverser sa poitrine.

XIII

Au moment où on transportait le blessé au château, madame Durand s'était approchée du comte immobile et muet.

— Il y a une heure, lui dit-elle à l'oreille, je vous méprisais ; maintenant, je vous hais !

Et elle passa fière, hautaine, dédaigneuse, empoisonnant ainsi ces fruits amers de la vengeance que le comte s'apprêtait à savourer.

Et frappé de cette malédiction, sûr désormais de cette haine vivace et inextinguible, persuadé que Dieu lui-même serait impuissant maintenant à le rapprocher de cette femme qu'il aimait toujours, Hector de Maltevert s'enfuit et erra pendant une heure comme un fou, la tête nue, les vêtements en désordre, son épée sanglante à la main, à travers les massifs du parc.

Ce fut là que son frère Raoul le rejoignit.

— Viens, lui dit Hector, quittons ce château ; fuyons-la, fuyons la France... allons si loin que son souvenir ne puisse m'y suivre...

— Et le diamant, le laisserons-nous donc ? demanda Raoul.

Ce mot fut pour le comte comme un éclair traversant la nuit orageuse de son cœur.

— Oui, dit-il, tu as raison ; il faut trouver le diamant ! il le faut !

Et alors, pour la seconde fois, foulant aux pieds son amour, le comte vit luire à travers l'avenir les cimes stériles et dénudées, mais étincelantes au soleil de la faveur, de ces hauteurs qu'on nomme l'ambition. Et se dressant sur les ruines de cette passion, la seule qui eût jamais étreint son cœur, il redevint l'homme froid, hautain, implacable ; l'ambitieux qui écraserait du pied le monde, si le monde le gênait dans sa marche, et à qui il fallait, à tout prix, le diamant du commandeur, parce que ce diamant devait être le talisman de sa fortune politique.

Et puis un sourire superbe, qui eût jeté l'épouvante au fond du cœur de la comtesse, passa sur ses lèvres blêmes :

— Oh ! dit-il, je me vengerai !

———————————

DEUXIÈME PARTIE.

I

Huit jours s'étaient écoulés.

Huit jours encore séparaient les cohéritiers de l'ouverture du testament de feu M. le commandeur de Montmorin.

Maître Pandrille s'apprêtait à rendre ses comptes, on le devinait à son visage qui, chaque jour, devenait plus solennel. Pandrille avait fini par croire à son importance et à sa dignité ; il avait acquis des manières si courtoises et de si haute façon que le vulgaire aurait pu supposer un descendant des Bourdin, tous gargotiers de père en fils, le vrai rejeton de quelque noble lignée, un peu cousine des ducs de Bourgogne et alliée par les femmes aux fleurs de lys de France.

Le secret désespoir de Pandrille était de n'être pas *né*. Cette pensée empoisonnait la rotondité de son existence et mêlait toujours quelques gouttes d'absinthe ou du vinaigre à ses bons vins bourguignons que le drôle dégustait en fin connaisseur, et dont s'abusait même, prétendaient les méchantes langues.

La rencontre du comte Hector et de M. de Verteuil avait, par sa sanglante issue, bouleversé le genre de vie premier des cohéritiers.

D'abord, MM. de Maltevert avaient cessé de paraître aux repas communs et se faisaient servir dans leur appartement particulier, chaque soir à leur retour de la chasse.

Depuis qu'il avait la certitude de la ruine de ses espérances, Hector fuyait le château le plus possible et n'y revenait que pour chercher le diamant.

Mais bien qu'ils eussent bouleversé le manoir, et en dépit du précieux renseignement qu'ils possédaient déjà, les deux frères n'avaient point encore trouvé l'entrée du souterrain.

La comtesse passait une partie de la journée au chevet de M. de Verteuil qui était condamné à garder le lit quelques jours encore ; et si l'affection de sœur qu'elle lui avait vouée n'eût été suffisante à l'y retenir, peut-être une autre motif, une raison mystérieuse et secrète eût-elle fait préférer à la comtesse cette chambre de malade aux plus verts ombrages des environs de Montmorin.

Pendant les premières nuits, un peu de délire s'était souvent manifesté chez M. de Verteuil, et la comtesse n'avait point été seule à veiller auprès de lui.

Jean était accouru, dès le premier jour, et il avait prodigué ses soins au blessé avec ce généreux empressement de la jeunesse, avec ce cœur noble et bon qu'il tenait de son père le commandeur.

Or, Jean aimait la comtesse ; et le commandant eût-il été pour lui l'homme le plus indifférent du monde, l'adolescent eût encore trouvé un charme sans pareil à le soigner, puisqu'il y était aidé par elle.

Alors à ce chevet de malade, s'était établie une sorte de douce intimité entre les deux amants et le blessé. Madame Durand n'osait encore s'avouer l'état de son cœur ; Jean eût préféré mourir que laisser échapper un aveu ; mais M. de Verteuil avait tout deviné, et il échangeait parfois un regard d'intelligence avec le bon Pandrille, qui venait le panser deux fois par jour et souriait de bonheur en voyant se réaliser une des plus chères espérances de feu son maître.

— L'ombre de M. le commandeur, pensait-il, doit tressaillir de joie.

Quelquefois, par une belle matinée, lorsque le commandant manifestait le désir de se trouver seul quelques heures, la comtesse et Jean prenaient leur volée.

Et c'était chose charmante, alors, que voir les deux jeunes gens s'en allant au bras l'un de l'autre, sur les pelouses vertes du parc, au long des sentiers fleuris, sous les futaies ombreuses !...

Et tout cela au grand scandale de MM. les cohéritiers.

Car, si les deux Maltevert vivaient dans une solitude absolue, et quittaient Montmorin dès le point du jour, pour n'y revenir qu'à la nuit, et s'y livrer à leurs recherches toujours infructueuses ; si madame Durand ne paraissait plus aux repas de famille, les autres collatéraux de feu M. le commandeur venaient ponctuellement à l'heure dans la salle à manger, et s'y mettaient religieusement à table sous la présidence du marquis de Nosrhéac, lequel avait pris la place d'honneur en l'absence des Maltevert.

Or, la comtesse défrayait journellement la conversation de ces messieurs.

M. le chevalier Arthur de la Barillère fulminait contre elle les plus sanglants anathèmes depuis qu'il désespérait d'en faire sa bru.

Le marquis, trop fidèle aux traditions galantes et courtoises de l'ancien régime, prenait alors la défense de la belle veuve, et il le faisait en des termes tels, il jouait si bien la maladresse par excès de zèle, qu'il semait son plaidoyer des plus noires calomnies, et cela sans y prendre garde en apparence.

M. de Nosrhéac n'avait pas renoncé, sans désir de vengeance, à ses projets matrimoniaux.

M. le comte de Franquépée qui, dès le premier jour, avait levé le drapeau de l'opposition contre la parente mésalliée, triomphait donc en voyant ses cousins revenir à son opinion ; mais son triomphe fut tout à fait complet lorsque, un soir, M. le chevalier Arthur de la Barillère apparut, au milieu du déjeuner, comme un messager de néfaste augure.

Le bonhomme était rouge d'indignation : il suait et soufflait d'une façon lamentable dans sa courte obésité.

— Ventre de biche, messieurs mes cousins, s'écria-t-il hors de lui, en voici bien d'une autre !

— Qu'est-ce donc ? demanda le marquis.

— Messieurs, dit le chevalier, reprenant haleine, s'asseyant et s'essuyant le front, quand les races dégénèrent, elles ne dégénèrent jamais à moitié.

Ces paroles, emplies d'une prophétie sinistre, soulevèrent la curiosité générale, et l'on prêta une oreille attentive au chevalier Arthur.

— Ah ! reprit-il, si sévèrement que nous eussions déjà jugé la comtesse Durand, nous étions encore au-dessous de la vérité.

— Hein ? fit l'aîné des Franquépée dressant l'oreille comme un cheval de bataille qui entend le clairon, allez-vous, mon beau cousin, nous apprendre quelque équipée nouvelle de cette aventurière ?

— Ah ! interrompit hypocritement le marquis de Nosrhéac, je proteste contre le mot. Je veux bien admettre que la comtesse ait eu quelques aventures galantes, mon Dieu ! qui n'en a pas ? mais après tout, messieurs mes cousins, c'est une Maltevert !

— Hé ! oui, murmura le chevalier Arthur dont l'indignation croissait, c'est une Maltevert, et c'est ce qui fait notre honte.

— Expliquez-vous donc, beau cousin ? ricana l'aîné des Franquépée.

— Oui... oui, expliquez-vous, murmura son cadet, en frère soumis et imitateur passionné de son aîné.

— Eh bien ! messieurs, dit le chevalier qui suspendait ses paroles pour en doubler l'effet dramatique, ce n'était point assez que cette femme dégénérée et sans pudeur se fût mésalliée, ce n'était point assez encore qu'elle vînt ici nous donner le scandale de sa conduite avec un officier de Buonaparte...

— Qu'est-ce donc ? mon Dieu ! demanda-t-on à la ronde.

— Écoutez, écoutez bien, reprit le narrateur dont la voix devenait sombre et solennelle comme s'il eût joué la tragédie.

Le silence fut tel qu'on n'entendit plus dans la salle que le bruit affairé des mandibules de M. Bontemps de Saint-Christol, lequel continuait à manger et ne pensait pas que les méfaits de la comtesse lui dussent faire perdre un coup de dent.

— Vous savez bien cet enfant naturel, ce bâtard, ce péché de jeunesse de notre parent le commandeur...

— Jean ! exclama-t-on.

— Oui, ce petit misérable, ce drôle que nous avons le désagrément de rencontrer quelquefois...

— Eh bien ?

— Eh bien ! voici que la comtesse, foulant aux pieds toute pudeur, tout orgueil de famille, tout préjugé du sang et de caste, a lié connaissance avec lui, qu'elle sort appuyée à son bras...

— Messaline ! exclama l'aîné des Franquépée indigné.

— Ah ! ricana M. le chevalier Arthur de la Barillère, messieurs et chers parents, préparez-vous au bouquet, au joli mot, au feu d'artifice de la comédie !... Je n'ai rien dit encore...

Et le vindicatif bonhomme s'arrêta malicieusement. Pendant dix secondes, chacun des cohéritiers se demanda si la comtesse n'avait point, en collaboration avec Jean, assassiné, pillé et incendié.

— Elle s'appuyait sur son bras, continua M. le chevalier Arthur de la Barillère, et elle l'appelait *mon cousin*...

À ces derniers mots du chevalier, la salle faillit crouler, ébranlée par les imprécations et le cri d'horreur des cohéritiers.

La comtesse jeta alors un cri terrible, un seul. (P. 30.)

Bontemps de Saint-Christol lui-même faillit laisser échapper sa fourchette. Mais il se remit promptement de cette chaude alarme, et attaqua un pâté de venaison qui courait risque de n'être point entamé, tant était grande la stupeur et l'indignation des convives.

— Messieurs et chers parents, dit alors le comte de Franquépée, lorsque le silence se fut un peu rétabli, ne trouvez-vous pas que lorsqu'une famille est ainsi déshonorée par l'un de ses membres, ce membre en devrait être impitoyablement retranché?

— Oui, oui, répondit-on.

— Et si, au lieu de vivre en un temps aussi calamiteux que le nôtre, nous vivions à une époque d'honneur et de chevalerie, et que justement indigné, le roi nous autorisât à faire enfermer au couvent pour le reste de ses jours la femme qui nous déshonore, quelqu'un de vous s'y opposerait-il?

— Non, non! répondirent encore plusieurs voix.

Mais, en ce moment, un nouveau personnage parut.

C'était le comte de Maltevert, que l'on n'avait pas revu depuis son duel avec le commandant.

A sa vue tous les cohéritiers se levèrent avec empressement.

De cet homme, bouleversé par la passion, que nous avons vu naguère, à celui qui venait ainsi surprendre les imprécations des cohéritiers contre la comtesse, il y avait tout un monde de distance.

Hector de Maltevert était froid, calme, railleur; un sourire hautain errait sur ses lèvres; il fouettait la tige de ses bottes d'une façon impertinente, avec le bout de sa cravache.

— Hé! hé! messieurs mes cousins, dit-il, il me semble que vous allez bien loin?

— Non, non! s'écrièrent les Franquépée.

— Au fait!... murmura le vieux Céladon en tordant sa moustache teinte.

— Ce serait justice! exclama le chevalier Arthur de la Barillère qui ne pardonnait pas à la comtesse l'idée qu'il avait eue d'en faire sa bru.

— Ainsi donc, reprit Hector souriant toujours, si l'un de nous plus hardi que les autres, pénétré de la sainteté des lois de la famille, que cette femme transgresse, la main sur sa conscience, invoquant ses aïeux et leur antique honneur, décidait en leur nom qu'il faut retrancher de la société et de la famille ce membre qui déshonore la famille, vous l'approuveriez?

— Oui, dirent quelques voix.

— Si, nous érigeant en tribunal suprême, poursuivit le comte, nous condamnions cette femme à une réclusion perpétuelle, approuveriez-vous cette condamnation?

— Pardieu! dit l'aîné des Franquépée, l'honneur de la famille avant tout.

— Messieurs, dit Hector devenu sérieux et grave, de railleur qu'il était, vous me prouvez une fois de plus que bon sang ne meurt pas, et vous venez de condamner la coupable. Seulement nous oublions que le roi est en exil, et que le gouvernement de Buonaparte ne sanctionnerait point notre condamnation.

— C'est une condamnation par coutumace, dit M. de Nosrbœuf.

Le mot fut trouvé charmant et fit rire les convives. Bontemps de Saint-Christol lui-même cligna d'un œil approbateur, abrité qu'il était derrière une énorme croûte de pâté de venaison.

— Adieu, messieurs, dit le comte, je cours un sanglier aujourd'hui, et le rendez-vous est pour midi.

Le comte rejoignit son frère et lui prit le bras:

— Mon cher, lui dit-il, sais-tu bien que je tiens ma vengeance?

— Ah! dit Raoul.

— Oh! ricana le comte, tôt ou tard, madame, vous vous repentirez de m'avoir foulé aux pieds... Ah! si nous avions le diamant!...

Un projet sinistre venait de germer tout à coup, grâce à la conversation tumultueuse des cohéritiers, dans le cerveau du comte Hector:

— Elle sera à moi! s'était-il dit.

                                    II

A partir de ce jour, Hector de Maltevert ne reparut plus à la salle à manger. Il chassait ou demeurait dans son appartement, paraissant se soucier fort peu de la conversation et du commerce de ses vieux parents.

Peut-être tramait-il quelque audacieuse entreprise, tout en continuant à chercher le précieux diamant?

A cette tristesse morne et ombrageuse qui couvrait le front du comte, une sorte de gaieté factice et febrile semblait avoir succédé; parfois un ironique sourire armait ses lèvres, parfois il se prenait à murmurer tout bas:

— Oh! si nous tenions le diamant! ma vengeance serait bientôt réalisée.

Hector eut peur, en disant f u, d'att indre celle qu'il aimait. (P. 31.)

Mais l'entrée du souterrain, de ce souterrain fameux qui renfermait le coffret et le diamant, cette entrée était introuvable. Et alors, pour le comte, après une nuit de recherches infructueuses, arrivaient les heures de morne découragement, de lassitude morale et physique, et il allait demander à la solitude des forêts un peu de calme et d'oubli.

Un jour, Hector de Maltevert avait quitté seul Montmorin, un fusil à double coup sur l'épaule, et à pied, contre son habitude, il s'était enfoncé dans ces grands bois qui s'étendaient à l'ouest de Montmorin, en remontant le cours du Cousin.

En cet endroit la sauvage et pittoresque nature morvandelle semblait avoir déployé tout son luxe d'horreurs splendides, toute sa coquetterie de contrée abrupte qui vise au surnom d'Écosse française.

Le Cousin roulait avec bruit sur un lit de roches sonores, encaissé par deux chaînes de collines presque à pic, au flanc desquelles serpentait un étroit sentier coupé en rampes brusques et souvent inégales, et que le pied seul des pâtres ou des braconniers foulait ordinairement.

Ces deux chaînes de collines étaient couvertes de bois touffus, hantés par les bêtes fauves, dans lesquels l'homme s'aventurait rarement.

A un certain endroit, les deux chaînes de montagnes resserraient si bien leur intervalle, qu'elles avaient été réunies par un pont, un de ces ponts inventés par le génie du montagnard, faits d'un tronc d'arbre couché tout de son long d'une rive à l'autre, grossièrement équarri à coups de hache, et si étroit, qu'il fallait être hardi et fort pour y poser le pied et passer sans frémir, sans avoir le vertige, au-dessus du Cousin qui bouillonnait et grondait, blanc d'écume, à plusieurs toises de profondeur. Pourtant, ce pont n'avait aucune utilité réelle, car, en atteignant la rive opposée à celle de Montmorin, il n'aboutissait qu'à une grotte gigantesque formée par les rochers, et qui, prise ainsi, eût été inaccessible à l'homme.

C'était dans cette grotte que les pâtres se réfugiaient les jours d'orage et allumaient une poignée de bruyères sèches, ainsi que l'attestaient les parois du roc, noircies au dehors par la fumée.

La sauvage horreur de ce paysage avait séduit le comte; les tempêtes de son âme y écoutaient avec une joie secrète les bruits tumultueux du torrent et les pleurs désolés du vent qui s'engouffrait dans cette gorge et courbait en tout temps la cime des arbres sous son aile frémissante.

Depuis qu'il était à Montmorin, il était venu plusieurs fois jusqu'à ce pont de bois et s'était assis à deux pas. Soit dédain d'affronter un danger inutile, soit crainte de glisser en le traversant, jamais Hector de Maltevert n'avait essayé d'atteindre à la grotte dont il se contentait d'admirer à distance le bizarre orifice et les noires anfractuosités. Ce fut donc vers ce lieu que le comte dirigea, ce jour-là, sa promenade solitaire; et comme le soleil était ardent et éclairait en plein la rivière et le pont de bois, il s'assit à quelque distance sur la mousse verte et à demi caché par une touffe de hêtres.

En homme qui a passé son enfance en Allemagne, dans cette patrie des légendes brumeuses, des contes fantastiques se déroulant au milieu de ces vastes forêts de sapins où le diable élit domicile; en dépit de son caractère ardent, ambitieux, passionné, Hector de Maltevert était rêveur et se plaisait à ces spectacles grandioses d'une sauvage nature.

Quand il s'était assis en ce lieu désert, que le bruit du torrent montait à son oreille fascinée, alors les heures s'écoulaient, et il n'y prenait garde, et la nuit seule le pouvait arracher à sa douloureuse contemplation; car, en ces moments-là, le hautain, l'ambitieux, le vindicatif Hector s'effaçait pour laisser reparaître l'amoureux de vingt ans, pour lequel l'univers valait moins qu'un sourire, et qui eût donné sa vie pour un regard de la comtesse.

Hector s'était laissé reprendre par ce long rêve d'amour durant lequel il oubliait les heures, lorsqu'un bruit de pas et de voix, retentissant à quelque distance, l'arracha à sa rêverie.

Les pas étaient lents comme doivent l'être ceux de deux amoureux à qui le temps qui fuit n'importe guère, les voix étaient fraîches et veloutées comme le sont les voix de la jeunesse...

Et au son de l'une d'elles, le comte Hector frissonna de tous ses membres et sentit son sang affluer à son cœur comme pour l'étouffer...

Il avait reconnu la voix de la comtesse.

C'était elle, en effet, s'appuyant sur le bras de Jean et foulant d'un pas léger ce sentier abrupt qui courait au flanc du ravin et conduisait au pont de bois jeté entre le coteau et la roche creuse.

— En vérité, disait-elle, vos environs de Montmorin sont merveilleux, mon cousin, et je me croirais volontiers à l'Opéra de Vienne où tous les décors représentent la Forêt-Noire. Quand vous me prédisiez un paysage des plus sauvages et des plus originaux, vous étiez encore au-dessous de la réalité...

3

Et madame Durand enveloppa d'un regard charmé le torrent, les collines boisées, le tronc d'arbre jeté en travers du ravin, la grotte de rochers; elle prêta une oreille ravie à ces sourds murmures de l'eau clapotant dans son lit rocailleux, et elle s'écria enfin :

— Dieu! que c'est beau!

Hector, caché derrière sa touffe de broussailles, écoutait, frémissant et la sueur au front, cette voix qui faisait vibrer les cordes les plus muettes de son âme, et il attendait, anxieux, le moment où elle lui apparaîtrait à travers les arbres, où il pourrait, sans être vu, la contempler à son aise.

Mais la comtesse se montra tout à coup à ses yeux, au bras de Jean, de Jean le bâtard, la honte vivante de feu le commandeur de Montmorin; et il monta au front du comte comme un flot de sang, tant il devint rouge, et son cœur qui battait à outrance cessa tout à coup de palpiter...

Ce n'était point assez qu'elle eût oublié son nom, son rang, sa dignité de femme, au point de reconnaître un lien de parenté entre elle et cet homme; ce n'était point assez qu'elle lui donnât un nom qu'on pouvait lui contester armé du texte même de la loi : elle s'appuyait encore sur lui avec cet abandon qui trahit chez la femme le secret de son cœur, et le comte éprouva tout à coup une sensation identique à celle que subirait un aveugle subitement guéri de sa cécité, dont l'œil fermé s'ouvrirait soudain et serait ébloui par cette lumière qu'il ne connaissait pas et dont il se serait fait une tout autre idée.

Et alors il comprit, il devina tout. Il comprit que la comtesse n'avait jamais été qu'une sœur pour M. de Verteuil; qu'en le frappant, son épée avait fait fausse route; et que celui qui régnait sur le cœur de la comtesse, celui dont elle ferait à coup sûr son mari, c'était l'homme qu'il avait devant les yeux.

Alors, encore, tout ce qu'il y avait d'orgueil de race, de naturel aristocratique, de préjugés consacrés par les siècles, chez cet homme qui était le chef de la branche aînée des Maltevert, et qui voyait une Maltevert lui préférer un bâtard, tout cela se révolta en lui. Le comte Hector eut le vertige... Sa main saisit son fusil, la crosse du fusil toucha son épaule, l'œil injecté de sang coucha sur le point de mire et le réunit à la tête de Jean, tandis que le doigt s'arrêtait frémissant sur la détente...

Si Jean eût été gentilhomme de nom comme il l'était de sang, certes le comte Hector eût laissé tomber son fusil, il eût couru à lui, l'eût frappé de sa main ouverte en plein visage et lui eût dit :

— Vous me tuerez ou vous serez mort dans une heure.

Mais Jean n'était qu'un bâtard...

C'est-à-dire que, du haut de son vieux droit féodal, Hector pouvait le condamner pour son insolent amour, l'étendre roide mort comme un chien enragé, une bête nuisible dont une balle débarrasse et dont le trépas ne saurait causer le moindre remords. Hector savourait sa vengeance en retardant le coup fatal qui allait le débarrasser d'un rival, et il écoutait avec une rage infernale le coquet babil de la comtesse s'extasiant sur ce site où elle avait conduit son amant, site dont il allait faire un tombeau...

Et son doigt, immobile sur la détente, ne se pressant point, son œil toujours rivé au point de mire cherchait la place où la balle irait se loger dans la tête du jeune homme qui continuait à sourire, comme on sourit à vingt ans au bras de la femme aimée...

Un mouvement un peu brusque de la comtesse sauva momentanément son amant. Elle se retourna pour admirer le point de vue et le masqua à demi.

Hector eut peur, en faisant feu, d'atteindre celle qu'il aimait... Et il attendit...

— Vraiment, disait la comtesse qui s'était arrêtée devant le tronc d'arbre jeté en travers du torrent, vous croyez, mon beau chevalier, que je n'oserais pas m'aventurer sur ce pont...

— Ah! gardez-vous-en!... s'écria Jean; songez que le moindre vertige, le moindre faux pas suffirait pour vous faire trouver la mort au fond de ce gouffre.

— Eh bien! non, dit-elle avec un sourire mutin, je veux vous montrer que je n'ai pas le vertige, et que mon pied est aussi sûr que celui d'un montagnard. Ne savez-vous donc pas que j'ai parcouru l'Oberland suisse?

— Madame... insista Jean.

— Non, dit-elle avec la ténacité d'un enfant, vous allez me donner la main et vous me conduirez à la grotte sur ce pont véritablement aérien; puis vous m'y laisserez rêver une heure...

— Vous quitter! s'écria-t-il.

— Sans doute. Vous vous en irez jusqu'au Val-Fourchu me chercher une touffe de ces belles fleurs bleues qui croissent dans la fente des rochers, et que j'aime tant...

— Quoi! je vous laisserais toute seule ici? murmura Jean consterné.

— Sans doute! répondit-elle. Je rêverai délicieusement ici, les yeux fixés sur ce gouffre. Cela me rappellera l'Oberland.

Le comte Hector écoutait, et son cœur s'était repris à battre...

Cependant la crosse du fusil n'avait pas quitté son épaule, et il attendait que Jean s'écartât d'un pas pour l'envoyer, au fond du Cousin, mesurer l'étendue qui sépare un homme sans naissance d'une noble dame.

Mais Jean, obéissant à la comtesse, posa un pied sur le pont fragile et se retourna pour lui donner la main; la comtesse le suivit, la tête haute, l'œil fixé vers l'extrémité opposée, et le comte fut obligé d'attendre encore.

Il lui vint alors une horrible et étrange idée!

— Si, au moment où ils toucheront la roche, pensa-t-il, je poussais cet arbre du pied, les séparant ainsi du reste du monde, et qu'alors je lui misse une balle au front... Il est tard, nul ne passera sans doute aujourd'hui en cet endroit sauvage, le bruit du torrent étouffera les cris de désespoir, et elle passera la nuit là, seule, éperdue, en présence du cadavre de son amant...

Et cette idée fit sourire le comte d'un atroce sourire et il murmura :

— Oh! quelle vengeance!

Mais soudain il se rappela qu'il avait rêvé une vengeance tout autre, et qui lui livrerait la comtesse... et il songea que tuer Jean en ce moment était creuser de plus en plus cet abîme qui les séparait, et cela sans profit ..

Et puis, comme les situations tendues et critiques où la vie d'un homme se trouve tout à coup subordonnée à un souffle de vent, à un mouvement nerveux, à un rien; comme ces situations ont le privilège de développer l'intelligence humaine d'une effrayante et prodigieuse manière, une idée nouvelle germa dans le cerveau d'Hector et l'éclaira sur-le-champ d'un reflet sinistre :

— Oh! non, non, se dit-il, pas cela... j'ai trouvé mieux...

Il reposa la crosse de son fusil à terre, et, de peur d'obéir à une dernière tentation, il se croisa les bras et demeura immobile, sans voix et sans haleine.

Il vit la comtesse toucher le seuil de la grotte et en parcourir l'étendue, appuyée au bras de Jean; puis il la vit s'asseoir sur un amas de bruyères roses que les pâtres y avaient entassé sans doute.

Puis encore, il vit Jean lui baiser la main et repasser sur le pont fragile. Certes, l'occasion était belle pour Hector. Il pouvait, du lieu où il était placé, ajuster le jeune homme qui cheminait lentement sur le tronc de sapin, lui mettre à son gré sa balle dans le front ou en pleine poitrine, puis disparaître, tandis que le cadavre tomberait dans le torrent... disparaître sans que la comtesse l'eût aperçu...

Et alors il eût été vengé sans que sa vengeance tournât encore contre lui. Mais le comte rêvait un plus beau triomphe... il ne décroisa point ses bras, il parut oublier même qu'il fût armé d'un fusil...

Et Jean traversa le torrent tranquillement, atteignit l'extrémité du pont, le sentier, et, désireux de revenir plus vite auprès de la comtesse, il prit sa course dans la direction du Val-Fourchu avec la légèreté d'un brocard fuyant devant les chiens.

Hector ne bougea. Il suivit de l'œil le jeune homme qui s'éloignait; il écouta le bruit de ses pas affaiblis par la distance; puis, quand il eut disparu, quand le bruit des pas se fut éteint, il perdit son immobilité de statue, quitta le lieu où il était, descendit jusqu'au pont et y posa hardiment le pied.

— Enfin! murmura-t-il.

La comtesse avait suivi Jean des yeux, comme la femme qui aime sait accompagner son amant du regard jusqu'à ce que l'éloignement ou un pli de terrain le lui dissimule.

Assise sur la couche de bruyères, l'œil tourné vers l'horizon où il avait disparu, l'oreille tendue aux mille bruits de sa solitude, elle s'était prise à rêver... à rêver comme la femme dont le cœur chante tout bas un refrain d'amour.

Puis, de l'horizon lointain, son regard s'était abaissé vers le gouffre et mesurait la profondeur du torrent dont l'écume blanche montait parfois jusqu'à ses pieds.

Alors ce charme mystérieux qu'éprouvera toujours l'homme au bord d'un fleuve, d'une rivière ou de la mer, et qui lui fait oublier les heures à regarder couler l'eau, s'empara de la comtesse; et qui sait combien de temps elle eût été absorbée par cette contemplation, si un bruit de pas n'eût retenti soudain auprès d'elle.

Madame Durand releva la tête et poussa un cri d'effroi...

Le comte Hector de Maltevert venait d'arriver à l'extrémité du pont de bois, atteignait le sol de la grotte et se dressait devant elle; souriant et calme comme le tigre qui vient enfin de surprendre la proie qu'il guettait depuis si longtemps!

III

La multiplicité des personnages et des événements nous oblige à laisser la comtesse au pouvoir d'Hector pour retourner au manoir de Montmorin.

Le vicomte Raoul de Maltevert, tandis que son frère s'enfonçait dans les bois pour y distraire sa sombre rêverie, était demeuré, lui, dans son appartement, accoudé à l'entablement de la fenêtre ouverte et le regard attaché sur le coquet et agreste paysage qui se déroulait devant lui.

On sait quel amour profond, sans espoir, et cependant rempli pour lui d'amères voluptés, il avait dans le cœur.

Cet amour était la vie de Raoul; et Raoul était plus jeune, plus naïf et meilleur que son frère Hector. Fier et hautain comme lui, il était plus généreux, plus chevaleresque, plus aimant.

Il ne se heurtait point d'un front superbe aux obstacles invincibles d'une passion non partagée; comme Hector, il n'avait point fait le serment solennel d'arriver à son but...

Le but, pour lui, c'était un sourire...

Rien de plus!

L'audacieux n'avait point rêvé cette fortune éclatante et mystérieuse de tant de simples gentilshommes, dont le regard hardi était allé chercher un regard d'amour jusque sous le manteau de pourpre des filles de roi : adorateur perdu dans l'ombre, comme ces fleurs au doux parfum qui meurent dès qu'un rayon de soleil les atteint, la seule ambition, le seul vœu qu'il eût jamais formé était de donner sa vie pour *elle*. Pour elle, dont jamais il n'avait prononcé le nom tout haut; pour elle, dont il espérait un sourire, un seul, le jour où il lui rapporterait ce diamant qu'elle avait paru désirer.

Et de même que son frère Hector, Raoul avait ses heures de rêveries, heures tristes et charmantes, où le passé lui revenait en mémoire.

Or, pour lui, le passé, c'était *elle*! c'est-à-dire les événements où elle avait été mêlée, les heures où il l'avait vue, les jours où, simple kaizerlitz, il était de garde au palais et se trouvait sur son passage.

Ce jour-là, l'œil fixé vers l'horizon, il se souvenait que l'année précédente, à pareille époque, il se trouvait à Schœnbrün, résidence impériale d'été.

La cour s'y trouvait : *elle* aussi!

Un matin, *elle* était au balcon d'une croisée du palais qui donnait sur une vaste cour intérieure, où les officiers de la maison de l'empereur avaient coutume de faire des armes entre eux, ou de dresser leurs chevaux.

Lui, Raoul, était précisément en selle, et il montait un fougueux étalon venu des pâturages de la Hongrie, noble bête élevée en liberté, ignorant jusque-là du mors et de la bride, et qui pour la première fois sentait un cavalier sur son dos.

Le cheval indigné se cabrait avec furie, essayant de renverser son cavalier; mais le cavalier était vissé sur la selle... Le cheval trottait en rasant les murs et essayait de le serrer et l'étouffer entre les murs et lui; mais alors l'éperon cruel lui déchirait les flancs et le contraignait à reprendre le large.

Cette lutte de l'animal indompté et du dompteur fut longue, acharnée...

Vingt fois, palpitante d'émotion, *elle* crut que le cheval allait désarçonner son cavalier et le fouler aux pieds avec furie; mais le cavalier, levant la tête, l'avait aperçue, et il eût dompté un centaure si un centaure l'eût pris sur son dos.

Enfin harassé, brisé, le mors rougi d'une écume sanglante, l'œil morne comme il sied au vaincu, le cheval avait fini par accepter ce joug dont il ne pouvait se débarrasser, par subir, résigné, cette domination de l'homme qu'il avait bravée jusque-là...

Et alors le vaillant écuyer avait passé sous le balcon au pas, au trot, au galop, successivement, et faisant exécuter à l'animal dompté les plus savantes courbettes.

Alors encore, éprise d'enthousiasme pour l'habileté de l'écuyer,

elle avait crié *bravo*, puis laissé tomber une fleur de son bouquet sous le balcon.

Et Raoul, passant au galop, avait quitté la selle à moitié, et suspendu sur l'étrier, il s'était penché pour saisir la fleur; puis, reprenant l'assiette, il avait salué en portant la fleur à ses lèvres...

Cette fleur, le vicomte de Maltevert la portait sur son cœur depuis ce jour-là; et, en ce moment, il ouvrit son pourpoint, la prit et y appuya ses lèvres frémissantes :

— O mon unique talisman, murmura-t-il, ne trouverai-je donc jamais l'occasion de te payer le prix que tu vaux?

Et soudain il se souvint du diamant?

Alors le rêve s'éteignit pour faire place à la réalité ardente, et le rêveur se redressa et redevint l'homme d'action.

— Je mettrai s'il le faut, dit-il, le feu aux quatre coins du château, mais je découvrirai dans ses ruines l'entrée du souterrain.

En ce moment, la cloche du déjeuner se fit entendre.

Hector était absent. Une inspiration vague, une sorte de pressentiment guidèrent Raoul. Il descendit à la salle à manger où, depuis le duel de son frère, il ne paraissait plus.

— C'est singulier! se dit-il, mais il me semble que je vais avoir des nouvelles du souterrain.

MM. les cohéritiers de feu le commandeur de Montmorin étaient d'une ponctualité rigide à l'endroit des repas. Ils se fussent mis à table avant l'heure plutôt que d'être en retard d'une minute.

Aussi quand Raoul, qui marchait comme un amoureux, à pas lents, arriva dans la salle à manger, tous ces messieurs étaient à leur poste, et Bontemps de Saint-Christol, toujours muet, toujours majestueux en son apparence de magistrale sottise, clignait de l'œil en regardant tour à tour un buisson d'écrevisses et une dinde truffée que Pandrille avait fait servir froide.

A la vue de Raoul, pour lequel MM. les cohéritiers professaient ce respect mêlé de crainte qu'ils avaient voué à son aîné, ils se levèrent tous et le saluèrent.

— Rasseyez-vous, messieurs, dit le jeune homme en reprenant sa place au milieu de la table, et je vous prie, votre conversation que, sans doute, j'ai interrompue.

La conversation de MM. les cohéritiers n'était pas très-variée; ils s'occupaient de la comtesse et de ses intrigues scandaleuses; puis, ils passaient au chapitre du diamant. Là, Bontemps de Saint-Christol levait la tête, car s'il se souciait fort peu de la veuve et de sa conduite, il songeait au diamant, tout comme un autre. Seulement il n'en parlait pas, jugeant les paroles inutiles.

— Eh bien! messieurs, dit Raoul, où en êtes-vous de vos recherches?

Chacun tressaillit et regarda le vicomte avec effroi; car ce que chacun redoutait le plus, c'était que son voisin fût plus heureux que lui.

— Helas! dit le marquis, je crois que MM. mes cousins en sont pour leurs peines.

— Et vous?

— Oh! moi, je ne cherche plus.

— En vérité?

— Tenez, dit le marquis, il m'est venu une idée.

— Laquelle? demanda Raoul qui tressaillit à son tour.

— Il pourrait bien se faire que feu notre cousin le commandeur...

M. de Nosrhéac s'arrêta et regarda de travers M. le chevalier Arthur de la Barillère, auquel il ne pardonnait pas d'avoir songé à madame Durand pour son fils Anacharsis.

— Eh bien? insista le vicomte.

— Je crois que feu le commandeur, reprit le marquis, nous a mystifiés.

— Comment l'entendez-vous? Que voulez-vous dire? exclamèrent à la fois tous les cohéritiers, à qui une sueur glacée découla du front sur-le-champ.

Raoul seul n'éprouva aucune émotion, car il avait la certitude que le diamant existait.

— Messieurs, continua le marquis, je crois que le diamant n'a jamais existé.

Les visages émus déjà devinrent livides, et le jeune Anacharsis de la Barillère leva les yeux au ciel avec une douloureuse stupéfaction.

M. Bontemps de Saint-Christol, lui, ne poussa aucune exclamation de surprise ou de douleur; mais son œil fixa le buisson d'écrevisses avec une douloureuse tristesse.

— Rassurez-vous, messieurs, dit Raoul; le diamant a existé ou s'il a existé, il existe encore...

— C'est probable ; mais comment savez-vous ?

— Tenez, dit Raoul indiquant du doigt le digne M. Pandrille qui entrait revêtu de son habit de gala, demandez plutôt.

— Plaît-il, messieurs ? demanda le grave intendant, devinant qu'il était question de lui, et s'apprêtant à répondre quelque impertinence bien enveloppée dans une formule de respect, bien entortillée dans un mot à double sens, à la façon madrée et narquoise du paysan bourguignon.

Mais ce fut M. de Nosrhéac qui prit la parole :

— Mon cher monsieur Pandrille, lui dit le marquis, vous qui pêchez si bien des truites comme personne n'en saurait pêcher...

— Ah ! monsieur le marquis, interrompit le bonhomme évidemment touché au défaut de son amour-propre, et qui devint sur-le-champ bienveillant et meilleur... vous êtes mille fois trop b n.

— Non, dit le marquis, sans compliment et parole d'honneur, vous êtes le premier pêcheur du monde.

Pandrille devint cramoisi d'orgueil dans son habit de cérémonie et ne put que s'incliner, tant il était ému.

— Dites-nous, cher monsieur Pandrille, continua le marquis, feu M. le commandeur, cet excellent parent que nous pleurons encore et que nous pleurerons longtemps n'avait-il pas coutume de porter le fameux diamant au pommeau de son épée ?

Les cohéritiers attendirent la réponse de Pandrille dans la plus vive anxiété.

— Monsieur le marquis, répondit Pandrille, le commandeur a porté le diamant de plusieurs manières.

Ces paroles semblèrent soulever les montagnes d'oppressions qui pesaient sur tous les cœurs. Si le commandeur avait porté le diamant de plusieurs manières, c'est que le diamant existait. La chose était évidente pour tout le monde, même pour Bontemps de Saint-Christol, dont l'œil morne et désolé quitta le buisson d'écrevisses pour se reporter avec amour sur les débris de la dinde.

— D'abord, en effet, poursuivit Pandrille, M. le commandeur portait le diamant à la garde de son épée ; mais quand vint la Révolution, il le fit monter en épingle et en orna sa chemise. Ce fut, du reste, messieurs, une fort belle épingle, car le diamant était de la grosseur d'un œuf.

— Vous voyez bien, messieurs, dit alors Raoul de Maltevert, que le diamant n'est point un mythe.

— Non certes, dit l'aîné des Franqupée ; mais il faut que le commandeur l'ait bien caché, car nous ne pouvons mettre la main dessus.

Le marquis regarda Pandrille du coin de l'œil, espérant surprendre une émotion quelconque, si rapide qu'elle pût être, dans le jeu de sa physionomie ; mais la physionomie de Pandrille exprimait cette naïveté railleuse, ce côté bonhomme et jovial qui voilent si bien la pensée du paysan bourguignon ou morvandiau.

La figure de Pandrille semblait dire aux cohéritiers :

— Ah ! messieurs, croyez bien que si M. le commandeur m'avait indiqué sa cachette, il y a longtemps que le diamant n'y serait plus !

— J'aimerais mieux, s'écria M. le chevalier Arthur de la Barillère, qui mettait au-dessus des noires aventures et des malheurs sans nombre des *Orphelins du hameau*, était fort loin de présumer qu'entre le diamant et le souterrain il y eût le moindre rapport ; et MM. les cohéritiers n'y songèrent point davantage.

Pandrille, pour se remettre de son trouble, s'était dirigé vers une grande armoire en chêne sculpté qui ornait le fond de la salle à manger et qui était destinée à la desserte.

Il ouvrit cette armoire et parut y chercher des flacons de liqueur des îles destinés aux convives.

— A propos de souterrain, messieurs, disait en ce moment le marquis de Nosrhéac, savez-vous bien que nous sommes ici dans un manoir qui a soutenu un siège ?

— Sans doute, dirent à la fois le chevalier Arthur et l'aîné des Franqupée.

— Oui, messieurs, et Montmorin était alors hérissé de remparts, semé d'oubliettes et de souterrains. L'un d'eux même, je l'ai oui dire...

Raoul tressaillit et écouta avidement le marquis.

— L'un d'eux, poursuivit le marquis, avait même son entrée, je ne sais plus dans quelle salle, du reste, derrière un bahut. Quand on tournait la clef du bahut trois fois, le fond pivotait avec la porte et démasquait le souterrain dont apparaissaient alors les premières marches...

A ces mots, Pandrille tressaillit et ferma vivement la porte de la grande armoire. Cette précipitation échappa à tout le monde, excepté à Raoul qui le regarda vivement.

Les yeux du jeune homme et de l'intendant se rencontrèrent, et Pandrille pâlit légèrement.

— Ah ! ah ! pensa Raoul, j'ai donc enfin le secret tout entier ; le souterrain est là, caché derrière cette armoire que Pandrille a refermée avec la précipitation jalouse d'un avare qui voit découvrir le lieu où il a enfoui son trésor... Le diamant est à moi !

MM. les cohéritiers cherchaient le diamant depuis un mois, ils en rêvaient nuit et jour, et il n'était pas de coin dans le château qu'ils n'eussent bouleversé. Eh bien, ni le mot de souterrain, ni la description de l'ingénieux bahut n'éveillèrent chez eux cette pensée du reste bien naturelle : « Si le diamant était enfoui dans les souterrains ? » Tant il est vrai que les gens qui cherchent passent sans cesse à côté de l'objet qu'ils sont quérir bien loin et qui, pour nous servir d'une expression populaire, *leur crève ordinairement les yeux.*

Pandrille avait, du reste, repris sur-le-champ sa physionomie indifférente ; mais Raoul en savait assez maintenant, et il attendait son frère avec impatience pour lui faire part de sa découverte.

— Enfin ! murmura-t-il au fond de son âme, ô ma pauvre fleur fanée, ô mon talisman, je vais donc te payer ton prix...

— Hé ! hé ! se disait en même temps le digne intendant, hé ! hé ! cher monsieur Pandrille, vous n'êtes en réalité qu'un imbécile et un maroufle, car voici que le jeune drôle est sur la piste du diamant !... Vous avez rougi comme une belle fille, vieux butor !

IV

Nous avons laissé la comtesse assise dans la grotte, au bord du Cousin, levant tout à coup les yeux, apercevant Hector de Maltevert et poussant un cri d'effroi.

Le comte répondit à ce cri par un éclat de rire moqueur où semblait percer son sinistre projet ; et madame Durand, épouvantée, ferma les yeux, comme si elle eût roulé au fond d'un abîme dont elle eût craint de mesurer la profondeur du regard.

— Mon Dieu ! belle cousine, dit Hector raillant toujours, aurais-je troublé votre rêverie ?

Et le comte s'assit sur l'extrémité du tronc d'arbre, le seul chemin par lequel elle eût pu fuir, lui coupant ainsi toute retraite. Certes, madame Durand avait compris sur-le-champ l'imminence du danger. Ils étaient seuls, seuls en un lieu sauvage et isolé du reste du monde, au bord d'un torrent dont les sourdes clameurs domineraient ses cris, sans armes pour se défendre, en présence d'un homme qu'elle avait froissé, foulé aux pieds, traité comme le dernier des misérables...

Et cet homme l'aimait !

C'est-à-dire qu'il lui avait voué cet attachement sauvage, emporté, furieux, de l'homme qui veut triompher à tout prix ; que, sûr de son mépris et de sa haine, il était décidé d'avance à fouler sous ses pieds toute retenue, à se rire de son désespoir, à essuyer ses larmes de rage avec un frénétique baiser.

Elle comprit tout cela et s'écria :

— Ah ! je suis perdue !

— Tudieu ! ma belle cousine, exclama le comte raillant toujours, et toujours calme et courtois ; quel vilain rêve avez-vous donc fait au bord de ce torrent, que vous jetiez ainsi ces exclamations d'épouvante ?

Elle le regardait avec terreur et se taisait toujours...

— Voyons, continua Hector, est-ce mon fusil qui vous effraye ainsi, et vous imaginez-vous, madame, que je veuille vous assassiner? Fi! Je suis sorti pour un tour de chasse; et si cela pouvait vous plaire, je laisserais tomber mon fusil dans le torrent...

Madame Durand ne répondit pas. Ses dents claquaient de terreur.

— Tenez, poursuivit-il, convenez que le hasard me favorise singulièrement. Je suis sorti pour chasser; puis, je me suis pris à suivre, en rêvant, un petit sentier, celui-là...

Et le comte étendit la main.

— Or, madame, à quoi rêve-t-on quand on aime, si ce n'est à l'objet aimé?

En prononçant ces derniers mots, il voulut lui prendre la main, mais elle la retira vivement.

— Bon! dit-il, je comprends votre répulsion. Vous ne m'avez point encore pardonné mon duel avec votre ami. Que voulez-vous? j'ai commis une faute, je le sais bien; une faute d'autant plus grande que je vous ai froissée par un injuste soupçon... Ah! acheva-t-il avec un ricanement, je sais bien que vous l'aimez en frère!

L'œil fixé sur le gouffre, tremblante comme une feuille emportée par le vent, la comtesse mesurait l'abîme du regard et se demandait si elle ne s'y précipiterait pas pour échapper au sort qui l'attendait.

— Ma belle cousine, reprit Hector, vous êtes injuste envers moi... je vous aime, et vous me rudoyez... je suis à vos pieds, et vous m'accablez de votre dédain...

La comtesse cessa de fixer ses regards vers le gouffre; elle retrouva un peu d'énergie et de courage, et, regardant Hector en face, elle lui dit:

— Tuez-moi donc de suite, monsieur, au lieu de me railler.

— Vous tuer! mais je vous aime...

Ces mots furent comme un soufflet qui aurait atteint le visage de la comtesse. Elle ne trouva pas un mot à répondre; mais son regard devint plus dédaigneux, plus chargé de mépris que jamais, et elle détourna la tête après avoir toisé le comte.

— Ah! ricana Hector d'une voix bien hardie, madame, de me braver ainsi... Mais, ajouta-t-il avec un accès de fureur subite, vous ne voyez donc pas que vous êtes en mon pouvoir?...

Il se leva et souleva à demi dans ses bras robustes le tronc d'arbre qui réunissait la grotte à la colline.

— Vous ne voyez, vous ne devinez donc pas, poursuivit-il, que je puis lancer cet arbre dans le gouffre?

Elle jeta un cri d'épouvante; car ce pont, c'était pour elle la dernière, la suprême chance de salut...

Jean pouvait revenir et la sauver!

— Et alors, dit-il, riant toujours de son rire terrible, vous et moi sommes à jamais séparés du monde. Vous aurez beau crier, le bruit du torrent étouffera vos cris; en vain me supplierez-vous?... Qu'ai-je à craindre de la justice des hommes, puisque je suis décidé à mourir ici avec vous?... avec vous, mon seul amour...

— Ah! fit-elle éperdue et saisie d'horreur.

Il la prit dans ses bras et l'y étreignit fortement.

— Je vous ai devinée, dit-il; vous voudriez vous jeter à l'eau...

— Lâche! murmura-t-elle.

— Madame, continua-t-il avec douceur, jurez-moi que vous n'attenterez point à vos jours, et vous serez libre; je ne vous étreindrai plus...

— Je vous le jure... dit-elle d'une voix étouffée.

— Eh bien, causons en ce cas, reprit-il en la laissant se dégager, et redevenant courtois, calme et souriant, comme s'il eût été dans un salon de Montmorin occupé à faire galamment la cour à sa belle cousine. Causons, madame; et quelque répulsion que je vous inspire, consentez donc à m'écouter...

Elle garda un morne silence.

— Tenez, fit-il en étendant la main, j'étais là, tout à l'heure, couché sur l'herbe, dans cette touffe d'arbres... je m'y trouvais par hasard... je vous ai vue venir, donnant le bras à ce... à cet homme que vous nommez votre cousin...

La comtesse frissonna... Avait-il donc surpris son secret?

— Ah! murmura Hector d'une voix où couvaient des tempêtes de haine et de jalousie, qu'ai-je donc fait au ciel, madame, pour que vous, la seule femme que j'aie aimée, vous qui êtes de mon sang, dont le père était le frère du mien, vous m'accablez de ce mépris dont on oserait à peine châtier un criminel, alors que vous donnez le nom de parent à ce bâtard?

La comtesse baissa la tête... Ce reproche du comte était le seul qui l'eût jamais émue...

— Mais enfin, s'écria-t-il, de quel forfait suis-je donc coupable,

madame? quel crime honteux ai-je commis, pour que votre dédain aille si loin que vous ayez repoussé mon amour à la seule fin de donner votre cœur tout entier à Jean le bâtard?

Madame Durand poussa un cri étouffé. Le comte l'avait frappée au cœur, en l'humiliant dans son amour.

Alors, cette femme altière et superbe, que l'effroi de la mort n'avait pu courber, à qui l'imminence d'un péril plus grand encore n'avait pu arracher une prière, cette femme se trouva vaincue; et elle se traîna à genoux devant le comte, les mains jointes et murmurant:

— Par pitié, monsieur, tuez-moi... mais ne m'insultez pas!

Il la regarda un moment, pâle et brisée, suppliante et devenue humble; il devina quel effort sublime elle venait de faire en demandant grâce, et il en eut pitié... Il eut pitié de cette femme qui l'avait frappé de son mépris, renié, torturé; il en eut pitié, car il l'aimait... Et, à son tour, il se mit à genoux, et lui prenant les mains, il lui dit:

— Pardonnez-moi... mais j'ai été fou... fou et cruel... parce que je vous aime... parce que, depuis six années, ma vie a été un long supplice; parce que le souvenir de ma première faute empoisonnait mes heures et obsédait ma pensée... fou enfin, madame, parce que, il y a huit jours, quand j'implorais humblement mon pardon, vous m'avez souffleté de votre mépris...

Et il avait des larmes dans les yeux, des sanglots dans la voix; et, à son tour, la comtesse eut pitié, tout en comprenant qu'elle triomphait désormais...

La femme n'a plus rien à craindre de l'homme qu'elle voit à ses genoux; elle sait bien que cet homme la respectera; et madame Durand savait bien qu'elle n'avait plus qu'à dire un mot ou faire un geste pour que le comte s'en allât par où il était venu, aussi humble, aussi repentant qu'il était menaçant et superbe tout à l'heure.

Et elle fut généreuse à son tour; elle l'écouta, lui abandonnant une de ses mains, et le laissant se justifier de cette accusation qui était la base de son mépris premier: la renonciation qu'il avait faite de sa qualité de Français et le service qu'il avait pris dans l'armée autrichienne.

En se défendant, il était si convaincu que la France, en renversant la monarchie, n'était plus qu'une marâtre pour la noblesse, il était de si bonne foi en plaidant sa cause, que la comtesse en fut touchée... Peut-être allait-elle lui tendre la main et lui pardonner; peut-être allait-elle lui dire:

— Mon cousin, voulez-vous que je sois votre sœur?

Mais, en ce moment, les yeux du comte aperçurent, dans le lointain, Jean qui revenait sa touffe de fleurs bleues à la main...

Et la jalousie le mordit au cœur; il eut le vertige et se redressa soudain:

— Non, non, dit-il, je serais stupide et niais, car, dans une heure, vous m'accablerez de nouveau de votre dédain; vous me fouler ez aux pieds avec un sourire et passeriez triomphante devant moi au bras de votre amant... Eh bien! acheva-t-il en sautant sur son fusil, cela ne sera point, car je vais le tuer, cet homme que vous me préférez...

Du fond de la grotte où il avait entraîné la comtesse, Hector pouvait voir le jeune homme qui s'avançait d'un pas rapide, sans que celui-ci l'aperçût, car la nuit approchait, et, du sentier, l'entrée de la grotte apparaissait toute noire.

Hector appuya donc la crosse de son fusil à son épaule; et comme le chasseur qui cherche son point de mire avec un beau sang-froid, il se plut à ajuster Jean qui se trouvait encore hors de portée.

La comtesse était demeurée à genoux, l'œil atone, la bouche béante, paralysée par l'effroi et saisie d'horreur par avance, car elle voyait son Jean perdu.

Pareille à l'oiseau fasciné qui va de lui-même à la mort, attiré par le reptile charmeur, elle savait bien que la balle qui frapperait Jean en pleine poitrine l'atteindrait au cœur et les tuerait tous les deux, et elle le regardait s'avancer vers cette mort inévitable, et aucun cri ne parvenait à se faire jour à travers sa gorge tenaillée par l'effroi.

— Tenez, lui dit Hector, j'attendrai qu'il soit là, au milieu du pont, je viserai au cœur... il ne souffrira pas...

A ces paroles, la comtesse retrouva une lueur de raison, un souffle de voix!

— Grâce! dit-elle, mourante et brisée, les mains jointes et implorant cet homme qui l'avait tant aimée... Grâce, Hector!

Il tressaillit en l'entendant prononcer son nom, et se tournant brusquement vers elle:

— Voulez-vous le sauver? dit-il.

— Oui.. murmura-t-elle avec une explosion de joie.

— Eh bien, dit-il, jurez-moi sur les cendres de nos pères que vous m'obéirez tout à l'heure et que vous ferez ce que je désirerai.

— Je le jure! dit-elle.

V

Une fois de plus Hector était vaincu; mais il voulait, du moins, faire payer cher sa défaite.

Jean était loin encore.

— Madame, dit Hector, votre effroi, vos angoisses m'apprendraient que vous l'aimez, si je n'en étais persuadé déjà...

Elle était toujours à genoux et suppliait du regard et du geste.

— Or, continua-t-il, le tuer est mon droit; car moi aussi je vous aime, et tout ce qu'il y a de race et d'orgueil en moi se révolte de votre choix. Eh bien! au lieu de le tuer, là, d'une balle au front ou au cœur, comme on ne fait pas l'honneur d'une rencontre à l'ennemi auquel on ne fait pas l'honneur d'une rencontre en plein soleil, puisque vous suppliez, puisque vous demandez grâce, je veux bien lui laisser la possibilité de défendre sa vie et la chance de me tuer lui-même...

— Ah! s'écria la comtesse retrouvant enfin la parole, vous ne lui faites donc pas grâce? vous m'avez donc trompée?

— Non, dit-il; et au lieu de vous plaindre, soyez heureuse et fière, madame, car le comte de Maltevert, en faisant à Jean le bâtard l'honneur de se battre avec lui, l'élève presque jusqu'à vous.

En prononçant ces derniers mots, Hector savait toucher juste, et l'orgueil de la femme devait l'emporter sur les alarmes de l'amante.

— Soit, dit-elle; je lui sourirai à l'heure du combat.

— Bien, répondit Hector pâle de rage, mais esclave de sa parole. Vous n'avez pas attendu pour me faire repentir de ma générosité, et vous me prouvez une fois de plus, madame, que les femmes sont plus fortes et plus cruelles que nous.

La comtesse s'était relevée; ce sourire hautain qui exaspérait Hector reparaissait sur ses lèvres. Du moment où la vie de Jean ne lui était plus accordée sans condition, elle ne daignait plus avoir pitié de l'amour d'Hector.

— Madame, acheva celui-ci, vous le savez, j'ai votre serment que vous m'obéirez.

— Allez, monsieur, fit-elle avec un calme glacial.

— Je veux humilier Jean. Le voici: dans cinq minutes, il sera près de nous. Vous prendrez familièrement mon bras; vous vous y appuierez comme si... vous m'aimiez...

Et il eut un amer sourire.

— Jamais! murmura-t-elle.

— Alors, répliqua t-il avec calme, mettez-vous à genoux, madame, et priez pour lui.

Puis il épaula de nouveau et continua à ajuster le jeune homme prêt à atteindre le pont de bois.

— Soit! fit-elle, vaincue encore.

— Très-bien. Et jusqu'à demain, vous vous tairez sur ce qui s'est passé entre nous! Si vous manquez, en amant jaloux et froissé, une explication, vous ne répondrez pas!... Dites, madame, le temps, presse... jurez!

— Je le jure... fit-elle d'une voix éteinte; car cette pauvre femme passait, avec une rapidité sans exemple, de l'énergie à la faiblesse et de la prière au dédain.

Alors le comte Hector reposa tranquillement son fusil contre les parois de la roche, prit par la main madame Durand, devenue humble et soumise, et la fit asseoir auprès de lui, sur la couche de bruyères.

Puis, tenant une de ses mains dans les siennes, il prit l'attitude d'un amant heureux et ajouta:

— S'il me plaît de revenir seul à Montmorin avec vous, vous le congédierez.

Ces mots étaient un ordre formel, et la comtesse avait juré d'obéir.

En ce moment Jean posait le pied sur le tronc d'arbre.

Les ombres du soir étaient descendues déjà sur la vallée et l'entrée de la grotte, opposée au couchant, n'offrait plus qu'un aspect ténébreux; mais Jean avait des yeux de lynx, des yeux d'amant jaloux de son ombre, et il devina plutôt qu'il ne vit que la comtesse n'était pas seule.

Alors le sang afflua à son cœur et il trébucha trois fois sur le pont rustique; cependant il toucha le sol de la grotte...

Mais là, il s'arrêta muet, stupéfait... Hector était assis auprès de la comtesse, dans une attitude d'abandon et de laisser-aller qui eût donné froid au cœur à l'homme le moins jaloux; il pressait doucement sa main, et il laissa échapper à la vue de Jean ce geste désagréable d'un homme surpris en bonne fortune par un importun.

Puis, devinant l'horrible souffrance de Jean, et le voyant immobile et consterné, son bouquet de fleurs bleues à la main, il laissa échapper un grand éclat de rire.

— Tudieu! mon jeune drôle, que venez-vous donc faire ici! lui dit-il d'un air impertinent qui acheva de le frapper au cœur.

— Moi... moi... balbutia Jean regardant la comtesse.

Mais la comtesse souffrait plus que lui peut-être.. et elle baissait les yeux.

— Ah çà, ma belle cousine, reprit Hector persiflant toujours, vous avez donc fait de ce garçon votre jardinier-fleuriste?

— Monsieur! s'écria Jean dont la pâleur livide fit place à un violent incarnat.

— Tout beau! mon jeune drôle; comme vous le prenez! allez-vous vous fâcher?

— J'avais prié ce jeune homme, balbutia la comtesse, d'aller me cueillir ces fleurs au Val-Fourchu.

— Ah! oui, dit le comte, une propriété... de famille.

Et il continua à rire en ajoutant:

— Eh bien! mon bel ami, puisque ma belle cousine vous a choisi pour son... jardinier, nous vous continuerons ce joli emploi, lorsqu'elle sera remariée.

— Remariée! s'écria Jean du ton d'un homme qui voit un abîme s'entr'ouvrir sous ses pieds.

Et dans ce seul mot emph de désespoir et d'angoisses, madame Durand entendit résonner le plus formel, le plus enivrant des aveux. Certes, il n'en avait jamais dit autant... jamais le secret de son cœur ne lui était aussi éloquemment échappé.

— Pourquoi pas? dit froidement Hector; pensez-vous donc que ma cousine portera éternellement ce vilain deuil de veuve? Allons donc! mon cher, une femme de vingt-cinq ans se remarie toujours. N'est-ce pas, comtesse?

Hector, à ces mots, porta la main de madame Durand à ses lèvres. La pauvre femme souffrait le martyre. Ah! si elle n'eût pas juré, si le plus solennel des serments n'eût cloué sa langue, comme elle eût tendu sa main à Jean, en s'écriant:

— Cet homme est un misérable et un lâche... il se vante comme un laquais, car ce n'est point lui que j'aime... c'est toi!

Elle avait juré, elle se tut. Et Jean qui perdait la tête, Jean qui se demandait s'il n'allait pas se précipiter dans le Cousin pour y chercher le trépas, Jean prit l'expression de mortelle tristesse répandue sur son visage pour la confusion qu'éprouve une femme de voir surprendre sa trahison.

— Allons, ma chère amie, dit le comte, voici la brune, les soirées sont fraîches au bord de l'eau. Laissez-moi jeter votre mante sur vos épaules, prenez mon bras et rentrons.

La comtesse se leva, muette, consternée, mais obéissante. Elle prit son bras, comme il l'avait ordonné; elle s'y appuya lorsqu'ils eurent repassé le pont du torrent, et Jean, qui croyait faire le plus affreux, le plus insensé des rêves, Jean les suivit...

Il les suivit de ce pas chancelant, aviné, de l'homme qui sort d'un tripot où il a perdu son dernier écu et qui va se brûler la cervelle en quelque coin; il attachait sur elle ce regard fixe sur ses rayons de l'amant abandonné qui voit passer sa maîtresse au bras d'un nouvel amoureux.

Il les suivit!

Et il put entendre le comte lui disant de ces mots légers, de ces riens pleins d'amour, qui sont autant de lames de poignard chauffées à blanc et qu'on enfonce au cœur du jaloux qui écoute les galants propos qu'on adresse à celle qu'il aime et dont il croyait être aimé. Il les suivit à dix pas de distance, poussé par une force inconnue, sans voix, sans haleine, les yeux voilés d'un nuage de sang et le cœur glacé...

Et pendant une heure, car il fallait près d'une heure pour aller de la grotte à Montmorin, il se demanda mille fois s'il ne rêvait pas, s'il n'était pas le jouet d'un de ces cauchemars terribles qui torturent l'homme durant son sommeil et lui font souhaiter ardemment la mort.

— Oh! murmurait tout bas la comtesse à l'oreille d'Hector, vous êtes implacable!

Hector écoutait en souriant; et comme un condamné à mort qu'on mènerait au spectacle voir une facétie bien bouffonne, au sortir de laquelle il trouverait l'échafaud tout dressé, il savait bien qu'il venait de souffler sur le dernier espoir de réconciliation qui lui fût resté au fond du cœur ; et, comme ces condamnés qui ne verront jamais le ciel, il blasphémait le ciel de son amour en murmurant à la comtesse de brûlantes paroles qu'elle n'écoutait pas...

Ils atteignirent ainsi le château.

Jean les suivait toujours.

La comtesse se dirigea vers l'appartement du commandant.

Hector l'accompagna jusqu'au seuil :

— Adieu, comtesse, lui dit-il.

Alors elle se retourna, s'aperçut que Jean ne les suivait plus, car il était demeuré à la porte du manoir, immobile et muet comme une statue ; et, se dégantant d'une main, elle jeta son gant au visage d'Hector en lui disant :

— Vous êtes un lâche !

Le comte ne s'attendait point à ce dernier outrage.

Un moment il demeura là, bouche béante, le regard fixe, comme un homme foudroyé ; puis, quand le sentiment de l'affront, cette réaction terrible qui se fait attendre quelques instants chez l'homme insulté, s'empara enfin de lui, la porte de M. de Verteuil s'était ouverte et refermée, et la comtesse avait disparu !

VI

Pandrille était au chevet du commandant qu'il venait de panser. Tous deux, à la vue de la comtesse qui entrait aussi pâle qu'un linceul, poussèrent un cri d'étonnement et d'effroi.

— Mon Dieu ! exclama le commandant, qu'avez-vous, madame ; que vous est-il donc arrivé ?

— Moi... balbutia-t-elle affolée... moi... rien .. rien !

Elle se laissa tomber sur un siège et regarda Pandrille.

— J'ai juré, dit-elle... j'ai juré... je ne puis rien dire... mais allez, courez... il est temps encore, peut-être... rejoignez Jean, et défendez-lui de se battre avec le comte de Maltevert avant demain.

Pandrille jeta un cri et se précipita dans le corridor.

VII

Hector ramassa enfin ce gant dont la comtesse avait frappé son visage ; il le tourna et le retourna dans ses mains, semblable à cet héroïque enfant des armées républicaines qui, frappé mortellement d'une balle, arracha de sa poitrine avec ses ongles, la considéra un moment d'un œil enthousiaste, puis la glissa dans son fusil, et, avant de tomber, la renvoya à l'ennemi.

Enfin il poussa un cri sauvage, s'élança hors du corridor et courut à la rencontre de Jean. Mais il était trop altéré de vengeance pour s'arrêter à une provocation ordinaire ; il lui fallait faire subir un dernier, un suprême affront à cet homme qu'elle osait aimer.

— Non, non, se dit-il, si je le tuais maintenant, il serait trop heureux. Je veux qu'il passe une nuit horrible, une nuit de tortures et d'angoisses ; qu'il puisse croire pendant douze heures mortelles qu'elle ne l'aime plus et qu'elle m'aime ; car elle a juré sur les cendres de nos pères, un serment.

Et cet homme, qui avait la rage et la mort au cœur, cet homme, dont la joue venait de recevoir le plus terrible des outrages et qui avait soif de vengeance comme le tigre des solitudes indiennes a soif de sang, cet homme fut assez fort pour se maîtriser sur-le-champ, pour reprendre cette attitude heureuse et superbe qu'il avait quelques minutes auparavant, pour sourire du sourire des triomphateurs, et il descendit en sifflant un air de chasse.

Jean était toujours à la porte du manoir, immobile, les bras croisés. On eût dit qu'il attendait cet homme qui lui avait volé son bonheur, pour le tuer et reprendre son bien.

Un instinct secret l'avait averti que le comte redescendrait seul. Quand il le vit paraître, la glace de son cœur se fondit sur-le-champ ; ses artères battirent avec force, ses lèvres serrées se rouvrirent, sa gorge crispée par l'angoisse laissa passer un cri de fureur ; et il attendit son ennemi dans une menaçante attitude.

— Monsieur, lui dit-il, j'ai un mot à vous dire.

— Pardon, répondit le comte avec dédain, je ne crois pas avoir rien à faire avec vous.

— Monsieur, vous m'insultez ! s'écria Jean hors de lui.

— Moi ? fit le comte, vous vous trompez... je n'insulte personne. Vous prétendez avoir à me parler, je ne sache pas avoir avec vous la moindre affaire, et je vous le dis. Voilà tout.

— Monsieur, je vous en prie, m'écouterez-vous ?

La voix de Jean était remplie de sourdes menaces, malgré cette formule humble et presque suppliante.

— Soit, dit Hector ; que puis-je faire pour vous ?

Et il prit un ton protecteur.

— Monsieur, reprit Jean, me feriez-vous l'honneur de vous battre avec moi.

— Plaît-il ? interrogea le comte.

Jean répéta lentement sa question, en regardant le comte en face.

— Monsieur, répliqua celui-ci, pour se battre avec les gens, il faut avoir un motif de haine ou de vengeance ; et, sur ma parole ! je ne crois pas vous avoir jamais fait de mal.

Le comte était froid et poli, et la fureur de Jean se heurtait contre un raisonnement des plus logiques.

— Vous aimez la comtesse Durand... balbutia-t-il.

— Mais, répondit le comte, c'est ma cousine, elle est veuve, nos fortunes sont égales, et nos pères avaient songé jadis à une union entre nous.

Jean redevint livide, et, obéissant à une fureur aveugle, il s'écria :

— Eh bien ! monsieur, moi aussi je l'aime !

— Ah ! pardon, dit Hector dont la voix devint railleuse, je ne savais pas avoir un rival. Mais, dans tous les cas, ce n'est point à nous à trancher la question, mais bien à la comtesse. Lui avez-vous avoué votre amour ?

Cette question, froidement et nettement posée, déconcerta Jean. Non-seulement il n'avait jamais avoué à la comtesse qu'il l'aimait, mais encore, quelques heures auparavant, il n'eût osé se l'avouer à lui-même... Et maintenant il venait de se trahir, de confier à un autre, à un rival heureux, le secret de son cœur...

— La comtesse, poursuivit Hector qui savourait la honte et les tortures de son ennemi, la comtesse, à qui je ferai part de votre attachement, décidera entre nous. Elle verra si elle doit sacrifier son cousin le comte de Maltevert à...

Le comte s'arrêta.

— Pardon, dit-il, comment vous appelez-vous ?

— Jean.

— Ce n'est pas un nom, cela.

Jean se souvint alors que le commandeur l'appelait son fils ; l'orgueil de cette fière race dont il était issu lui monta du cœur au visage, et il répondit en regardant hardiment Hector :

— Je m'appelle Jean de Montmorin !

Jean s'attendait à une explosion de colère de la part du comte ; il n'en fut rien.

Hector répondit avec calme.

— Il y a erreur, monsieur. Il n'y a jamais eu de ce nom que M. le commandeur de Montmorin mon oncle, et il est mort célibataire. Or, vous ne pourriez être, à tout prendre, qu'un péché de sa vieillesse ; et vous conviendrez que ce n'est point à moi, son neveu, qu'il appartient de reconnaître au grand jour une faute qu'il a si bien cachée dans l'ombre.

Cette réponse foudroya Jean ; il tourna sur lui-même et chancela étourdi.

— Ainsi donc, balbutia-t-il, vous ne voulez pas vous battre avec moi ?

Hector se prit à rire.

— Allons donc ! mon cher, répondit-il, pour me battre avec vous, il faudrait que je vous eusse insulté ; en outre, j'ai un principe qui me sert de loi : quand on est quelqu'un, on se bat avec quelque chose.

Et le comte pirouetta sur les talons et s'en alla, laissant le jeune homme frappé de stupeur.

Jean demeura pendant quelques instants, aussi immobile, aussi muet que si la baguette d'une fée l'eût métamorphosé en dieu Terme ; mais enfin, la rage et la douleur se firent jour au milieu de cette prostration ; il laissa échapper un cri sourd et furieux, et voulut s'élancer après le comte, le souffleter et le forcer ainsi à lui rendre raison...

Mais alors une main de fer le saisit par le bras et l'arrêta, tandis qu'une voix grave et triste lui disait :

— Jean, mon enfant, vous ne vous battrez pas !

VIII

Jean se retourna vivement et se trouva face à face avec Pandrille.

Pandrille n'était plus cet intendant bonhomme et souriant, au regard intelligent et madré, à la lèvre moqueuse et niaise à la fois, qui se gaussait de MM. les cohéritiers, tout en ayant l'air de les accabler de son respect.

Non, Pandrille était grave, triste, solennel; ses cheveux blancs semblaient, à cette heure, imprimer à son visage cette expression de noblesse et de majesté qui sied si bien à l'âge mûr; et l'on eût dit que l'âme tout entière du commandeur était passée dans ce visage et dans cette voix.

— Oui, mon enfant, répéta-t-il avec un accent tout paternel, je vous défends de vous battre aujourd'hui, de provoquer ce misérable qui vous a insulté; je vous le défends au nom de votre père, mort, qui m'a ordonné de veiller sur vous comme sur mon fils.

Et Pandrille entraîna le jeune homme dans une vaste salle du rez-de-chaussée, où se trouvait suspendu le portrait en pied du commandeur au milieu des autres portraits de famille échus en partage au cadet de Maltevert.

— Mais cet homme m'outrage! s'écria le jeune homme hors de lui.

— Je le sais.

— Et tu ne veux pas que je me venge?

— Non.

Puis Pandrille ajouta :

— Non, pas encore... plus tard...

— Que veux-tu dire?

— Tenez, monsieur Jean, reprit l'intendant en étendant la main vers le portrait du commandeur, je le sais bien, moi, et ils le savent tous que c'était là votre père... mais ils le nieront, par orgueil; ils le nieront jusqu'à ce que...

Pandrille s'arrêta et jeta un douloureux regard au portrait :

— O mon noble maître, murmura-t-il, quel lourd serment vous avez exigé de moi !

Ensuite, il attira le jeune homme sur son cœur, et, l'y pressant tendrement :

— Va, mon enfant, dit-il, une heure viendra où tu pourras leur jeter un nom au visage, comme un défi solennel; une heure viendra, ô mon jeune maître, où je vous tendrai à genoux une épée de gentilhomme en vous disant : Allez! maintenant, monseigneur, vous pouvez frapper de votre gant ces hommes qui vous ont renié; allez, vous êtes leur pair.

— Cette heure viendra donc? murmura Jean éperdu.

— Peut-être... répondit le vieillard... et bientôt. Mais ne m'interrogez point... ne me demandez rien... j'ai juré.

Mais Jean laissa échapper un cri de douleur.

— Ce sera trop tard, dit-il.

— Trop tard?

— Oui, dit-il d'une voix brisée... trop tard, car je serai mort.

— Vous êtes fou !

— Ah! s'écria-t-il avec véhémence en prenant la main de Pandrille, tu ne sais donc pas...

— Quoi? interrogea celui-ci qui se souvint alors du visage de la comtesse. Que voulez-vous dire?

— Elle l'aime...

— Qui?

— Lui! la comtesse... elle l'épousera!

— C'est impossible! exclama ..... de stupéfait.

— C'est vrai... murmura Jean d'une voix éteinte.

Et puis il raconta au vieillard tout ce qu'il avait vu, tout ce qu'il avait entendu depuis une heure; il lui dit, en sanglotant, ses angoisses et son désespoir, et acheva avec un rire amer :

— C'est tout simple, il me l'a bien dit. N'est-il pas le comte de Maltevert? ne suis-je point Jean le bâtard?

— Oh! s'écria Pandrille, cela ne se peut pas, monsieur Jean; vous êtes fou... vous avez rêvé.

— Oui, dit-il, rêvé... je l'ai cru...

— Elle, épouser le fils de cet homme qui renia votre père et voulut le faire chasser comme un mendiant! ah! vous êtes fou, monsieur, vous avez rêvé, vous dis-je... ou je deviens fou moi-même.

Et puis Pandrille eut une inspiration subite, et la colère étincela dans le regard de ce vieux soldat qui, pendant vingt années, avait porté l'épée.

— Il y a là, s'écria-t-il, quelque horrible trahison du comte, quelque ténébreuse infamie que je découvrirai... et alors... oh! alors, soyez tranquille, moi Pandrille Bourdin, moi le soldat obscur, je vous vengerai!

Et Pandrille chercha à son côté cette épée depuis longtemps absente.

— Monsieur Jean, reprit-il après avoir médité quelques secondes et être redevenu plus calme, vous allez me jurer là, dans cette salle, que vous m'attendrez dix minutes, sans appeler, sans vous désoler... Je vais voir la comtesse, et je saurai tout.

Jean promit et jura tout ce que voulut Pandrille; et le digne intendant, retrouvant ses jambes de jeune homme, remonta précipi-

Il avait salué en portant la fleur à ses lèvres. (P. 35.)

tanament à l'appartement de M. de Verteuil, où il rejoignit madame
Durand.

La comtesse opposait aux questions du commandant un mutisme
absolu.

— Ah! dit-elle en voyant Pandrille et se levant avec vivacité, ils
ne se battront pas, n'est-ce pas?

— Non, dit Pandrille.

Et tout essoufflé, balbutiant, tant il était ému, et s'interrompant
sans cesse pour exhaler un gros soupir, le vieillard raconta l'exaltation de Jean, son désespoir et ses étranges révélations.

— Mon ami, répondit la comtesse, je suis liée par un serment,
jusqu'à demain... mais demain... oh! demain, je parlerai... et demain il tuera cet homme!

Et puis elle ajouta en rougissant et d'une voix si basse qu'on l'entendit à peine :

— Allez! dites-lui qu'il ait foi en moi... je l'aime!...

Un cri de joie échappa au bonhomme, et Pandrille redescendit
avec l'agilité triomphante d'un soldat messager qui apporte un
bulletin de victoire.

Mais lorsqu'il eut franchi le seuil de la salle où Jean l'attendait,
Pandrille, à bout de forces, brisé par l'émotion, se laissa tomber
dans les bras de Jean, murmurant d'une voix éteinte :

— Elle vous aime!

IX

Le dernier sacrifice que le comte Hector venait de faire à sa vengeance, en conservant un calme trompeur, l'avait brisé. Il s'en alla
en trébuchant et les yeux pleins de sang jusqu'à l'appartement de
son frère, où Raoul l'attendait avec la plus vive impatience, et il
lui dit en entrant :

— J'ai la mort et l'enfer dans le cœur... Frère, il faut songer à
partir d'ici... J'ai été soufflété... soufflété par une femme... un soufflet qui tue!

— Oh! s'écria Raoul en rugissant, vengeance!

— Oui, répéta Hector, je me vengerai, sois tranquille... Demain,
je tuerai l'homme qu'elle aime, et je lui jetterai son cadavre comme
elle m'a jeté son gant au visage... Mais après, vois tu, il faudra
partir, car l'air qu'elle respire est mortel...

— Eh bien, dit Raoul, nous partirons, car le diamant est à
nous!

— Le diamant! exclama le comte galvanisé soudain par ce
mot.

— Oui, le diamant, répondit Raoul. J'ai trouvé l'entrée du souterrain.

Et il lui raconta brièvement ce qui s'était passé le matin à la
salle à manger. Hector écoutait avec anxiété. Son œil était redevenu
brillant, son cœur battait à outrance ; non point qu'une pensée cu-
pide l'agitât, mais parce que la découverte du diamant c'était pour
lui, maintenant bien plus que cette faveur d'un souverain rêvée par
lui naguère, c'était le moyen d'arracher enfin Raoul à Montmorin
et de l'associer à sa vengeance.

Or, cette vengeance, ce n'était plus seulement la mort de Jean,
c'était quelque chose de plus terrible encore, quelque chose de
hideux et d'infernal qu'il avait entrevu vaguement, le jour où les
cohéritiers parlaient d'ériger un tribunal de famille pour juger la
comtesse, et qui maintenant se présentait à son esprit élucidé par
tant d'émotions successives, avec une effrayante netteté.

— Ah! murmura-t-il, je la tiens enfin! je la tiens, Raoul, cette
femme qui m'a traité comme on n'oserait traiter un laquais, cette
femme qui m'a frappé de son gant...

Un ricanement de bête fauve lui déchira la gorge.

— Écoute donc, dit-il, écoute et tu verras.

Raoul regarda son frère, et il devina au bouleversement infernal
de ses traits tout ce qu'il avait souffert.

— Parle... dit Raoul.

— Elle n'a pas voulu m'aimer, reprit le comte qui riait d'un rire
terrible... elle aurait préféré mourir que devenir ma femme... Eh
bien! elle sera ma maîtresse!

Et l'expression de joie féroce qui se peignit sur le visage du
comte fut telle que Raoul frissonna jusqu'à la moelle des os.

— Frère... frère... murmura-t-il.

— Oh! dit le comte, tu ne refuseras pas de me servir, j'imagine... car tu es mon frère, Raoul, et j'ai été frappé au visage...

— C'est juste, répondit le vicomte qui se souvint de l'outrage et
partagea soudain la haine fraternelle.

— Eh bien, écoute alors : écoute-moi bien, Raoul; tu verras si
je sais me venger.

Hector fit une pause; puis, il reprit d'une voix plus calme :

— Nous ne tenons pas à l'héritage, n'est-ce pas? Je nous importe un peu d'or? Nous sommes venus chercher le diamant, rien de plus.

— Rien de plus... répéta Raoul qui songeait à son amour.

— Le diamant une fois à nous, poursuivit Hector, nous pouvons partir, quitter pour toujours cette terre de France où le peuple a dressé l'échafaud de nos pères et celui de son roi. Nous ne sommes plus Français, frère; que nous importe la France?

— Rien, dit froidement Raoul.

— Que nous importerait donc aussi l'opinion qu'on aurait de nous après notre départ, la renommée, fatale ou terrible, que nous aurions laissée comme une trace ineffaçable de notre passage?

— Rien encore; mais que veux-tu dire?

— Écoute toujours.

Et le comte sourit encore de son amer sourire.

— En France, reprit-il, dans ce pays que nous avons renié, l'homme qui enlève une femme violemment, la nuit, qui la met de force dans une chaise de poste et l'arrache à sa maison, à ses amis, à sa famille, cet homme est puni comme un criminel; car la loi ne sait pas ou ne veut pas savoir si cette femme a mérité son châtiment, si elle est la victime ou si elle a été le bourreau. Hors de France, au contraire, un pareil crime est à peine châtié d'une amende légère : histoire d'amour, disent les juges en souriant.

— Eh bien? fit Raoul qui ne savait où le comte en voulait venir.

— Eh bien, mon cher, nous sommes en France, et, pour éviter le châtiment, il faudra en sortir au plus vite.

— Tu veux donc enlever la comtesse?

— Oui.

— Mais est-ce possible?

— Tout est possible à l'homme qui veut.

Alors Hector parut se recueillir un moment et reprit ensuite :

— Nous sommes à cent lieues de la frontière suisse, la plus rapprochée.

— A peine, dit Raoul.

— En semant l'or sur sa route, en crevant un cheval à chaque relais, on peut franchir cette distance en vingt heures.

— Très-bien; mais en admettant que nous puissions enlever la comtesse, pendant ces vingt heures elle se débattra, criera, invoquera la loi, et nous serons arrêtés. Car enfin, acheva Raoul, tu sais bien qu'une femme comme celle-là ne se laisse point intimider par le canon d'un pistolet.

— Je le sais.

— Eh bien, alors?

— Alors, mon cher, dit Hector, nous l'enlèverons endormie, endormie par un narcotique; et il en est, tu le sais bien, qui plongent en léthargie pour trente heures.

— Oui, mais durant la route, si cette femme endormie...

— Bah! c'est ma femme qui dort... nous ne nous arrêterons pas.

— Mais à la frontière? Le premier consul n'a-t-il point établi une sorte d'armée qu'on nomme les douanes?

— Tu oublies que nos passe-ports nous qualifient d'attachés à l'ambassade autrichienne. On ne visite pas la voiture d'agents diplomatiques. Nous passerons la frontière les stores baissés.

On le voit, Hector de Maltevert prévoyait tout; il allait au-devant des obstacles et les aplanissait.

— Mais, objecta encore son frère, comment l'enlever d'ici? Le château est rempli de monde.

— J'y ai songé. Trois hommes pourraient défendre la comtesse : le commandant, Jean et Pandrille. Le commandant est, grâce à mon coup d'épée, hors d'état de quitter son lit.

— Bien. Mais Jean?

— Jean habite la maisonnette du parc; il n'entendra rien.

— Et Pandrille qui ameutera les laquais?

— Nous l'enfermerons dans sa chambre, et nous mettrons un homme à sa porte chargé de le tuer s'il veut sortir.

— Où prendre cet homme?

— Écoute encore. Nos cousins, l'autre jour, prétendaient qu'ils regarderaient comme juste et mérité le châtiment qui serait infligé à cette femme qui déshonore notre nom.

— Ils disaient cela?

— Oui. Et parmi eux, deux sont encore assez énergiques pour nous aider.

— Lesquels?

— Les Franquépée.

— Mais les autres?

— On leur enjoindra de dormir et de croire qu'ils ont rêvé s'ils entendent du bruit par hasard.

Hector parlait avec le sang-froid d'un général en chef qui dresse un plan de bataille.

— Maintenant, dit-il, l'essentiel est d'avoir le diamant.

— Voici la clef du souterrain, dit Raoul.

Le comte consulta sa montre :

— Minuit, dit-il; tout le monde doit commencer à dormir : il n'y a plus guère que ce drôle de Pandrille qui n'est point monté chez lui, car je l'entends toujours dans l'escalier quand il rentre.

Au moment où il prononçait ces derniers mots, on entendit retentir dans le grand escalier le pas lourd et cadencé de l'intendant qui gagnait son lit.

Le bonhomme avait probablement reconduit Jean, un peu calmé, à la maisonnette du parc, et il éprouvait le besoin de se reposer de tant d'émotions imprévues et successives.

Pandrille était, d'un naturel placide, avait horreur du drame et de l'agitation, en honnête pêcheur à la ligne qu'il était.

— Le drôle! murmura le comte Hector, il est insolent avec nous, et il est bien heureux; car si j'avais le temps d'attendre l'ouverture du testament, ses épaules feraient connaissance avec ma cravache.

— Peuh! fit dédaigneusement Raoul, un laquais, qu'importe!

Hector et son frère attendirent quelques minutes encore; puis, quand ils jugèrent que Pandrille était couché, ils s'enveloppèrent de leurs manteaux, glissèrent deux pistolets dans leurs poches et s'armèrent d'une petite bêche procurée dans la journée; puis, ils quittèrent sans bruit leur appartement et descendirent à la grande salle à manger de Montmorin. Cette pièce était la seule du manoir que le commandeur n'eût point jugé nécessaire de faire restaurer.

Elle avait conservé ses vieilles boiseries sculptées, encadrant les panneaux d'une antique tapisserie en point de Beauvais, représentant les aventures d'Antinoüs.

Entre les deux croisées se trouvait une grande horloge à cage de chêne noirci. En face de l'horloge, un immense bahut de même bois, montant jusqu'au plafond et où l'on serrait la desserte.

La pensée n'était venue à aucun des cohéritiers de chercher le diamant dans ses profondeurs. Comment supposer que le chevalier de Montmorin allât enfouir son trésor parmi des reliefs de volaille et des brides de pâté?

Cependant, MM. de Maltevert allèrent droit à cette armoire, tournèrent la clef trois fois; et, chose étrange! qui justifiait les assertions de M. le chevalier Arthur de la Barifière, le bahut parut s'ouvrir en deux et une porte apparut aux yeux étonnés des deux frères.

Raoul prit alors cette petite clef qui avait une étiquette et qu'il avait trouvée dans le coffret, l'introduisit dans la serrure et ouvrit la porte mystérieuse qui tourna sans bruit sur ses gonds, démasquant un escalier en coquille d'où montra une bouffée de cet air humide qu'on respire dans les souterrains.

Les yeux de Raoul brillaient de joie.

— Enfin! dit-il, voilà le souterrain... à nous le diamant!

Et il posa le pied sur la première marche de l'escalier qui paraissait tourner brusquement sur lui-même.

Le comte Hector le suivit.

Tous deux descendirent, armés chacun d'un flambeau, le vicomte ouvrant la marche; ils comptèrent environ cinquante degrés. Après quoi une pente unie et rapide succéda à l'escalier.

Alors Raoul s'arrêta et se tourna vers son frère.

Un feu sombre brillait dans les yeux du comte. Ce n'était plus ce rubis fameux sur lequel il avait échafaudé par avance l'édifice de son ambition qu'il allait chercher, c'était la possession de la femme qui avait payé son amour du plus sanglant des outrages.

C'était la vengeance!

Raoul se retourna.

— Il faut compter les pas, dit-il.

— Marche, je le compterai.

Hector ne pouvait se défendre d'une émotion étrange.

— Il me semble, murmura-t-il à l'oreille de son frère, il me semble que je suis en chaise de poste, à côté d'elle... d'*elle* endormie!

— Moi, murmura Raoul en posant la main sur son cœur, il me semble que j'entre, le diamant à la main, dans la salle du Trône, à Vienne ou à Schœnbrünn, et qu'*elle* pousse un cri de joie en le voyant.

Ils s'engagèrent dans le gouffre.

La pente était rapide d'abord, puis elle s'adoucissait pour redevenir peu après plus rapide encore.

— Cent soixante-cinq, six, sept... compta Hector.

Mais tout à coup, il s'arrêta brusquement.

— Qu'est-ce? demanda le vicomte.

— Il m'a semblé...

— Quoi donc?

Hector étendit la main.

— N'as-tu rien vu?

— Rien.

— Rien entendu?

— Absolument rien.

— J'ai cru voir courir une ombre, là-bas.

— Allons donc!

— Je l'ai vue... insista Hector avec l'accent de la conviction.

— Eh bien! dit Raoul, nous sommes armés et gare aux revenants! Et il fit sonner la noix de l'un de ses pistolets.

Aucun bruit cependant ne résonnait dans le souterrain. On n'entendait que la respiration haletante des deux chercheurs de diamant.

Un instant immobiles et comme sur leurs gardes pour faire face à un danger imprévu, ils finirent par continuer leur marche.

— C'était une illusion! dit Raoul.

— Je le crois... cependant...

— Où en étions-nous? Tu avais compté soixante-sept pas, je crois?

— Oui.

— Avançons alors.

— Cent soixante-huit, neuf, dix, continua Hector.

— Plus loin encore.

— Cent quatre vingts...

Tous deux s'arrêtèrent. La pente était devenue imperceptible.

— Voyons, fit Raoul, à l'œuvre!

Hector, qui tenait la bêche, continua à entamer le sol qui céda facilement, grâce à son humidité.

Pendant un moment, on n'entendit que le bruit monotone de la pioche qui résonnait aussi tristement que celle d'un fossoyeur.

Tout à coup, Raoul arrêta le bras de son frère.

— Silence! dit-il.

Hector s'arrêta, muet.

— Entends-tu? fit le vicomte.

Un bruit de pas légers se faisait entendre dans l'éloignement. Ce bruit approchait peu à peu...

La bêche échappa aux mains du comte et il arma pareillement ses pistolets.

Les pas s'arrêtèrent un moment, puis s'approchèrent encore...

— Oh! oh! dit Raoul dont l'œil étincela, si MM. les cohéritiers ont deviné comme nous, ils viennent un peu tard...

Les pas s'arrêtèrent. Les deux frères étaient immobiles, et leur front était baigné de sueur.

Le silence régnait de nouveau.

— Ma foi! s'écria Raoul, il faut en avoir le cœur net... Visitons ce souterrain.

— Soit, dit Hector, voyons à qui nous avons affaire.

Le vicomte s'avança bravement et son frère le suivit.

Le souterrain était vaste; il serpentait à plusieurs reprises, tantôt courant en pente rapide, tantôt à plat, mais parfaitement uniforme, du reste, et d'une maçonnerie irréprochable.

Sa construction paraissait remonter au temps de la première féodalité.

Après un quart d'heure de marche, les deux frères arrivèrent à un endroit où la voûte s'abaissait tout à coup, et ils aperçurent un petit escalier tournant.

Des profondeurs de cet escalier montait un bruit sourd et lointain, accompagné des bouffées d'un air glacé.

— Entends-tu? demanda Hector. On dirait le roulement d'une voiture.

— J'entends, répondit Raoul; mais qu'importe, avançons. Nous verrons bien de quoi il s'agit.

Et Raoul descendit hardiment.

Le comte suivit son frère, et ils descendirent environ quarante marches, après lesquelles ils retrouvèrent le sol uni et incliné.

— Allons toujours! dit Raoul.

Le bruit sourd augmentait et paraissait se rapprocher. On eût dit le murmure des vagues au bord de la mer.

En même temps un faible rayon de lumière brilla dans le lointain.

Le vicomte s'était arrêté de nouveau et il écoutait attentivement.

— Imbéciles! dit-il enfin, nous avons pris le bruit d'une chute d'eau pour des pas d'hommes; on n'est pas plus maladroit.

Ils venaient, en parlant ainsi, d'atteindre l'orifice du souterrain que surplombait le Cousin, juste en face du tourbillon qui grondait sourdement, et où la comtesse avait failli trouver la mort. La clarté qu'ils avaient aperçue n'était autre que celle de la lune.

Un amas de broussailles et un rideau de saules cachait assez parfaitement l'orifice du souterrain pour que, de la berge opposée de la rivière, on n'en pût soupçonner l'existence.

— Cependant, dit Hector, cette ombre, ces pas? J'ai vu... entendu...

— Bah! illusion.

— Tu crois?

— Notre imagination était un peu troublée. Retournons au diamant, et hâtons-nous, car le jour est proche.

Les deux jeunes gens reprirent, en sens inverse, le chemin qu'ils avaient parcouru déjà, et ils eurent bientôt atteint l'endroit où Hector avait entamé le sol.

Il reprit sa bêche et se mit à l'œuvre avec ardeur.

Soudain la bêche heurta un corps dur et rendit un son sonore et métallique.

Le comte s'arrêta frissonnant de joie.

L'œil de Raoul étincela.

— Courage! dit-il, courage!

Hector se remit à l'œuvre, et bientôt une surface noire apparut. C'était le coffret.

— Enfin! murmurèrent-ils tous deux.

Et ils se penchèrent avidement, et, dédaignant la bêche, ils voulurent arracher avec leurs mains le coffret de son alvéole de terre.

Mais ils s'aperçurent alors que la boîte de fer était solidement scellée dans une grosse pierre profondément enfoncée dans le sol, et retenue à cette pierre par des crampons d'acier soudés au soufre.

De plus, on apercevait une triple serrure comme en fabriquaient les armuriers milanais du temps des Médicis; et cette serrure, on le devinait, ne pouvait être forcée.

MM. de Maltevert n'en avaient point la clef.

En outre, ils étaient dépourvus de lune, de pinces et de tout outil propre à desceller les crampons.

S'il était impossible d'ouvrir le coffret, il était plus impossible encore de l'emporter.

Et le jour approchait, et dans moins d'une heure tout le château serait sur pied.

Il fallait attendre à la nuit suivante, se procurer des outils et essayer d'arracher la boîte de fer à sa prison de pierre.

— Peu importe! dit alors Hector, tandis que son frère le regardait découragé. Demain nous nous procurerons les outils qu'il nous faut, et même temps que nous disposerons à partir, et nous enlèverons à la fois la comtesse et le coffret.

Et les deux frères remontaient dans la salle à manger, après avoir soigneusement recouvert de terre le précieux coffret; puis ils fermèrent la porte du souterrain, le bahut, et regagnèrent leur appartement.

Mais à peine cette porte mystérieuse, que le génie des Maltevert d'un autre âge avait dissimulée derrière une armoire, avait-elle tourné sur ses gonds avec un bruit criard et sourd qui fut répercuté par tous les échos souterrains, qu'une petite lumière brilla tout à coup dans l'éloignement, précisément dans la direction de l'orifice qui donnait sur le Cousin. Puis un homme, tenant une lanterne à la main, s'avança à pas lents vers l'endroit où MM. de Maltevert avaient découvert le coffret.

Et comme eux, cet homme avait une bêche, preuve évidente qu'il savait aussi bien qu'eux où était le fameux diamant!

X

Cet homme, qui marchait à pas lents, une bêche sur l'épaule, une lanterne sourde à la main, un sourire narquois aux lèvres, c'était maître Pandrille.

Le digne intendant, que nous avons laissé si fort ému des infortunes amoureuses de son jeune maître, n'avait plus sur le visage la moindre trace d'émotion, et sa démarche annonçait la quiétude la plus parfaite.

Le bonhomme était chaudement vêtu; il avait chaussé des sabots selon la mode bourguignonne, et sa tête était ornée d'un gros bonnet fourré destiné à le préserver des rhumes de cerveau.

Ce niais et fin sourire tout à la fois, sous lequel cet intendant de génie avait coutume de dissimuler sa pensée, épanouissait sa face rubiconde et démentait le mieux du monde la supposition qu'on aurait pu établir en le voyant errer, une lanterne à la main, dans les catacombes du manoir, qu'il n'était autre que l'ombre désolée d'un châtelain avare et défunt qui venait s'assurer que sa postérité n'avait point découvert ses trésors.

Cordieu! maître Pandrille était parfaitement vivant; il avait même une physionomie rougeaude et de bon aloi qui ne laissait aucun doute sur la façon dont il avait bu et mangé à son repas du soir.

Maître Pandrille avait soupé comme quatre et bu comme buvait M. Bontemps de Saint-Christol lui-même.

L'exécuteur testamentaire de feu M. le commandeur s'arrêta tout juste à la place où MM. de Maltevert avaient trouvé le coffret, posa sa lanterne par terre, s'assit auprès, peu soucieux de n'avoir point un siège plus convenable, et fouilla alors dans sa poche.

— Voyons, dit-il, ne faisons rien d'illégal et relisons cette lettre de feu M. le commandeur qui est pour moi comme son codicille secret, et dans lequel il m'a tracé la ligne de conduite que je dois suivre.

Et Pandrille tira de ses poches ce qu'il appelait modestement une lettre, et qui avait cependant l'apparence d'un volumineux manuscrit.

Malgré l'excellent cas qu'il faisait de la mémoire de son intendant, M. le commandeur de Montmorin, qui avait caressé pendant dix années un beau projet de mystification à l'endroit de MM. ses collatéraux, cousins ou neveux, M. le commandeur, disons-nous, avait cru devoir donner à Pandrille ses instructions sur toutes choses, et s'était plu, la plume à la main, à disserter longuement avec son valet.

Pandrille tourna les premiers feuillets et s'arrêta à la quatrième page :

— Article troisième, lut-il, *question du diamant.*

« Mon cher Pandrille, disait le commandeur, tu sais que j'ai toujours fort désiré que mes chers parents, neveux et cousins, pendant les trois mois qui suivront ma mort et précéderont l'ouverture de mon testament, alléchés par le désir de posséder mon diamant et de se l'arracher au besoin les uns aux autres, se querellent entre eux, s'égorgent un peu au besoin, ou tout au moins se crèvent un œil par-ci par-là. Mon diamant doit être la pomme de discorde qui me vengera de leur charmant accueil. Tu sais? Or, mon cher Pandrille, tu penses bien que je serais désolé cependant que le diamant fût trouvé par l'un d'eux et emporté par lui sans bruit ni trompette. J'ai laissé, dans la chambre rouge où tu logeras mes chers neveux de Maltevert, un meuble à double fond ; dans ce meuble est la clef du souterrain où nous l'avons enfoui, et à la clef se trouvent jointes les indications suffisantes écrites de ma main pour que ces beaux-fils parviennent à découvrir l'entrée du souterrain, ce que je n'indique pas. Dans ce cas-là, arrange-toi de façon à ce qu'ils aient le coffret, mais non le diamant. Le diamant est pour Jean ou pour sa cousine, et c'est lui que j'aime à leur faire aimer. »

Pandrille s'arrêta et termina là sa lecture.

— Il me semble que c'est assez clair, dit-il, et ce que je **vais faire** est parfaitement conforme à mes instructions.

Puis le bonhomme se prit à rire :

— Ont-ils couru après moi, ces beaux messieurs ! murmura-t-il. J'ai si bien piétiné de-ci et de-là, que leur cœur a dû battre cent vingt pulsations à la minute, juste le double de l'état normal.

Pandrille se redressa, posa de nouveau sa lanterne à terre, remit dans sa poche les instructions manuscrites du commandeur et s'arma de sa bêche.

MM. de Maltevert avaient simplifié la besogne en ramuant le sol une première fois et lui enlevant ainsi sa dureté. En trois coups de bêche, le digne intendant eut mis à nu le joli coffret; alors il jeta la bêche et s'agenouilla :

— Quel charmant bijou ! murmura-t-il. Quand on songe que toutes les limes du monde n'en feraient pas sauter la serrure. Et les pauvres messieurs qui s'imaginaient qu'il n'y avait qu'à se baisser pour avoir le diamant... Nenni, messeigneurs, nenni ! ricana Pandrille; quand nous avons des diamants, nous les mettons en sûreté... Ah! par exemple! si vous aviez eu des outils pour desceller le coffret, oh! alors...

Pandrille, à ces mots, tira deux pistolets de sa poche.

— Alors, mes maîtres, acheva-t-il, je vous envoyais tous les deux *ad patres*, et vous restiez dans le souterrain où je vous aurais enterrés. Qui diable l'aurait su ?

L'intendant riait toujours en débitant son bizarre monologue.

Il tira une clef de sa poche, une clef tréflée, mignonne et luisante :

— Je suis persuadé, mes beaux seigneurs, continua-t-il, que si vous aviez su que ce bijou était en ma possession, vous m'auriez traité avec quelque déférence au lieu de me malmener comme un pauvre laquais que je suis.

Pandrille se pencha sur le coffret, approcha la clef de la serrure, l'introduisit successivement dans les trois entrées, fit jouer les trois pênes, et le couvercle du coffret se leva brusquement par un jeu de bascule.

Alors il approcha sa lanterne ; soudain une clarté étincelante à mille facettes s'échappa du coffret et se projeta à l'entour sur les voûtes humides du souterrain ; et le bonhomme, ébloui, s'écria avec un naïf enthousiasme :

— Ma foi ! c'est bien beau !

Pandrille avait vu le fameux diamant bien souvent, mais chaque fois qu'il le voyait, la même exclamation admirative s'échappait de ses lèvres.

Le diamant était gros comme un œuf, d'une eau irréprochable; il était de forme oblongue, et Pandrille le tourna et le retourna dans ses doigts avec la joie naïve d'un enfant.

— Quand on pense, dit-il, que demain matin, à l'heure où MM. les cohéritiers déjeunent, je leur servais ce bel œuf sur la table, ils tireraient tous leurs épées et s'entr'égorgeraient comme des soudards. Ah ! Pandrille, mon bel ami, je crains bien que vous ne perdiez le sommeil pendant tout le temps que vous posséderez ce trésor, car si l'un de ces beaux messieurs soupçonnait qu'entre lui et le diamant il n'y a que votre vieille peau pour cloison, vous seriez assassiné comme un poulet.

Et Pandrille referma le coffret après avoir mis à sa place un superbe morceau de stras de la même grosseur ; puis il mit le vrai diamant dans sa poche, aussi négligemment que s'il se fût agi d'un gros œuf de cuivre.

Après quoi il recouvrit le coffret, comme avaient fait MM. de Maltevert, reprit sa lampe et sa bêche et s'en alla par où il était venu.

C'est-à-dire qu'il ne prit point la même route que les deux frères, et qu'au lieu de se diriger vers l'escalier qui conduisait à la salle à manger et avait son issue derrière le grand battant de chêne, il redescendit le souterrain si peu près jusqu'à la moitié de sa longueur.

Là, il s'arrêta de nouveau, fit une pesée sur une pierre du mur latéral qui cependant ressemblait à toutes les autres, et cette pierre s'ébranla et tourna tout à coup sur des gonds invisibles et muets ; puis, cette étrange porte mit à découvert un escalier assez semblable à celui qu'avaient remonté les deux frères, et Pandrille s'y aventura de ce pas hardi de l'homme qui sait où il va et a une connaissance parfaite du chemin.

Une fois dans l'escalier, l'intendant referma la porte de pierre ; puis il continua son chemin, gravissant les degrés avec une majestueuse lenteur.

L'escalier avait soixante-six marches et conduisait directement à l'appartement occupé jadis par M. le commandeur de Montmorin, et où Pandrille s'était logé depuis la mort de son maître, au grand scandale des cohéritiers.

Mais Pandrille était plus qu'un intendant, il était l'exécuteur testamentaire du commandeur, et, comme tel, il avait bien le droit, jusqu'à un certain point, de se loger convenablement.

Un panneau de boiserie dissimulait ordinairement l'escalier, et sur le panneau de boiserie tombait une vieille tapisserie en point de Beauvais.

Le bonhomme referma le panneau soigneusement, ramena les plis de la tapisserie, glissa ensuite le diamant dans une bourse de cuir et mit la bourse sous son oreiller :

— Je vais dormir sur trois millions ! murmura-t-il. Ah ! si mon oncle Onésime Bourdin, le cabaretier qui était si avare, revenait de l'autre monde et qu'il me vît sur un pareil oreiller, comme il s'applaudirait de m'avoir chassé de chez lui au double titre de paresseux et de gourmand, lorsque j'y remplissais les fonctions modestes de marmiton !

Pandrille se mit au lit, ayant à portée de sa main une belle paire de pistolets chargés jusqu'à la gueule, et s'endormit aussi paisiblement que le savetier du bon La Fontaine avant qu'il possédât les cent écus du financier ; et cela, sur un oreiller de trois millions ! Cette nuit-là MM. les cohéritiers qui rêvaient tous du diamant durent avoir le cauchemar.

XI

Revenons à Jean que nous avons laissé dans les bras de Pandrille, apprenant que la comtesse l'aimait. D'abord, notre héros avait été obligé de prodiguer ses soins au bonhomme qui était prêt à s'évanouir de joie; puis, voyant Pandrille revenu à lui et recouvrant l'usage de la parole, il l'avait accablé de questions.

Mais Pandrille répondait :

— Je ne sais qu'une chose : « Elle vous aime. »

— Et pourtant...

L'intendant haussa les épaules d'une façon qui signifiait :

— Je n'en sais pas plus que vous.

Pandrille croyait en être quitte pour ce mot « elle vous aime; » mais Jean n'était pas homme à s'en contenter. Il lui fallait de minutieux détails, et Pandrille ne put que lui rapporter les paroles de la comtesse.

— Mystère! murmura le pauvre jeune homme qui perdait la tête et cherchait en vain l'explication de l'étrange conduite de madame Durand.

— Si vous m'en croyez, lui dit Pandrille, vous retournerez à la maison du parc, monsieur Jean, et vous y attendrez demain bien tranquillement, puisque c'est demain qu'elle pourra parler.

— Oh! cet homme! exclama Jean en songeant avec fureur aux froides railleries et aux dédaigneuses paroles d'Hector; ne me vengerai-je donc pas?

— Attendez... répondit Pandrille; tout vient à point à celui-là qui sait patienter.

Et il prit le jeune homme par le bras, comme il eût fait de son fils, le conduisit à la maisonnette du parc où le bonhomme Guillaumier dormait déjà, le força à prendre quelque nourriture et à se mettre ensuite au lit, déployant en tout cela une maternelle tendresse.

Après quoi, le digne Pandrille s'en alla, toujours de son pas grave et mesuré, fit une apparition à la salle à manger, où MM. les cohéritiers soupaient gaillardement et médisaient de la comtesse, descendit ensuite aux offices, donna partout son coup d'œil d'intendant, se mit ensuite à table, mangea avec l'appétit d'un homme qui aura une nuit occupée, et, finalement, gagna son logis vers minuit, au grand contentement de MM. de Maltevert, qui, nous le savons, n'attendaient que ce moment pour commencer leur nocturne expédition.

Mais si Jean, pour obéir à Pandrille, s'était mis au lit, Jean ne dormit pas, on le devine, et, le silence de la nuit aidant, il fut en proie aux hallucinations les plus étranges.

D'abord la scène de la grotte, cette rencontre avec le comte et l'horrible persiflage dont ce dernier l'avait flagellé, tout cela lui parut un rêve, un de ces rêves bizarres qui naissent de l'excès du bonheur lui-même, en faisant entrevoir les plus terribles infortunes, tempêtes de l'âme issues ordinairement de la quiétude même de l'esprit.

En se tournant et se retournant sur sa couche, le pauvre enfant se demanda s'il n'allait point s'éveiller bientôt et secouer ce cauchemar.

Mais Jean ne dormait point; Jean était parfaitement éveillé. Par la croisée de sa chambre filtrait un rayon de lune, et ce rayon laissait entrevoir les arbres du parc se détachant sur le ciel bleu; et par cette croisée arrivaient perceptibles et parfaitement distincts ces mille bruits qui remplissent une nuit d'été, le chant du pâtre attardé, le refrain monotone du grillon dans les sillons.

Alors une autre pensée, pensée terrible et bizarre à la fois, s'emparait de l'adolescent. Pandrille avait menti; Pandrille avait voulu jeter sur la plaie de son cœur un baume momentané; il était bien vrai que la comtesse ne l'aimait pas et lui préférait Hector de Maltevert...

Mais comme tous les gens qui discutent avec eux-mêmes dans l'isolement et le silence, Jean n'acceptait aucune des hypothèses que lui présentait son imagination en délire, sans la combattre de toutes ses forces : Pandrille était un vieillard; il avait les cheveux tout blancs... Le mensonge, même quand le dévouement l'inspire, va-t-il se cacher sous la neige d'une chevelure de vieillard?

Jean avait rejeté et admis cent fois cette thèse pendant ces longues heures de la nuit où l'esprit divague si aisément, lorsqu'une idée terrible se présenta claire, nette, fortement accusée : Au lieu de Pandrille, n'était-ce point la comtesse qui avait menti?

Et les cheveux de Jean se hérissèrent, tandis que les pulsations de son cœur s'arrêtaient soudain; car les événements semblaient justifier cet affreux soupçon.

En effet, au lieu d'une femme au cœur noble et bon comme il l'avait jugée d'abord, la comtesse ne pouvait-elle être une de ces coquettes insensibles qui se jouent, le sourire aux lèvres, du bonheur et du repos des hommes? Qui sait si elle n'avait point voulu s'amuser aux dépens de ce cœur de vingt ans candide et illusionné?

Qui sait encore si, prête à épouser le comte, elle ne lui avait pas fait porter par Pandrille ces paroles ambiguës et consolantes, comme un moyen de le retenir plus longtemps à ses pieds?

Et Jean se souvenait avoir lu quelque part qu'il est des femmes dont la coquetterie ne consent à faire le sacrifice d'une foule d'adorateurs qu'à la veille de leur mariage.

Cette dernière pensée fit perdre la tête à notre héros. Il sauta hors du lit, quitta la maisonnette, et s'en alla à travers champs, la tête nue, courant comme un fou furieux échappé à son cabanon et à la vigilance de ses gardiens.

Combien d'heures dura cette course insensée à travers les bois, les prairies et les friches? Jean ne le sut pas lui-même. Au matin, quand à peine le jour commençait à poindre à l'horizon, il revint brisé, exténué, mourant...

Et la prostration, cet état de morne abattement, ce mal de mer de l'imagination, succéda à ce délire brûlant qui l'avait étreint pendant plusieurs heures; et il s'assit au seuil de la maisonnette, la tête dans ses mains, l'œil sombre et farouche...

S'il est vrai que la douleur mûrit hâtivement les hommes, Jean avait vieilli de dix années en une nuit.

Insensible aux bruits extérieurs, aux mouvements qui se faisaient autour de lui, il n'entendit point les valets de chiens du château traversant le parc, les jardiniers allant à leur besogne quotidienne; il n'entendit point le sable crier sous les pas légers d'une femme qui s'approcha de lui.

Son regard sans rayons fixait la terre.

La femme qui s'approchait ainsi, au petit pas, à cette heure matinale où il n'y a sur pied que les laboureurs ou les chasseurs, c'était la comtesse!

Un grand châle l'enveloppait tout entière et la préservait des fraîcheurs du matin. Elle était pâle, mais d'un œil brillait d'un éclat fébrile qui attestait l'insomnie. Ah! si Jean avait souffert, elle avait souffert aussi.

Elle était à deux pas du jeune homme : il ne la voyait et ne l'entendait pas. Elle comprit, elle devina toutes les tortures qu'il avait endurées depuis la veille; et comme l'amour n'est, après tout, que de l'égoïsme, un flot de sang lui monta au cœur et le fit battre violemment.

— Comme il m'aime! dit-elle avec une naïve admiration.

Puis, elle appuya sa main blanche et frêle sur l'épaule de l'enfant abîmé dans sa douleur :

— Jean? murmura-t-elle d'une voix si douce, qu'on l'eût prise pour un écho lointain du chant céleste des anges.

Jean tressaillit au contact de cette main, au son de cette voix, comme s'il eût vu le ciel s'entr'ouvrir; il se leva tout debout et regarda la comtesse, muet, sans haleine, attendant son destin d'un mouvement de ses lèvres.

— Jean, répéta-t-elle en lui jetant ce regard voilé de mystérieuses tendresses que les femmes n'ont que pour l'homme aimé, Jean... vous êtes bien pâle...

Il porta la main à son cœur et murmura :

— C'est que j'ai bien souffert...

— Ami... dit-elle en lui prenant la main.

— C'est que je souffre toujours... acheva-t-il.

Alors elle prit son autre main, les serra toutes deux, et, le regardant encore avec ce doux regard que rien au monde ne saurait remplacer pour l'homme qui aime, ce doux regard de la femme qui vaut mille fois mieux que tous les trésors de l'univers, elle ajouta :

— Eh bien! ne souffrez plus...

Il jeta un cri d'amoureuse ivresse, le cri du condamné qui, du haut de la fatale plate-forme, voit s'élever à l'horizon un nuage de poussière, puis un cavalier apparaître, des lettres de grâce à la main.

Elle s'assit auprès de lui.

— Ne souffrez plus, continua-t-elle, car me voilà... ne souffrez plus, car moi aussi j'ai souffert, et je sais que la souffrance tue...

Et puis, elle lui mit un baiser de sœur au front, un baiser qui était comme la promesse de leur fiançailles.

— Enfant... dit-elle, vous avez donc cru que j'aimais cet homme?

Ces derniers mots arrachèrent Jean à cette ivresse pleine d'oubli où l'avait plongé l'apparition de la comtesse; il se souvint...

— Mon Dieu! s'écria-t-il, ne me parlez point de lui. Laissez-moi croire que j'ai fait un rêve... un rêve affreux...

— Oui, répondit-elle, oui, vous avez fait un rêve, car c'est un rêve en effet que l'horrible drame d'hier; car c'est un rêve que l'infamie de cet homme.

— Mais vous l'aimiez... murmura Jean qui se souvient avoir vu le comte porter les mains de la jeune femme à ses lèvres sans qu'elle les retirât.

— Horreur! s'écria-t-elle.

— Mais vous devez l'épouser?

— Moi! fit la comtesse avec un tel accent de dégoût que la conviction la plus enracinée en eût été ébranlée.

— Il me l'a dit... balbutia Jean.

— Le lâche! murmura-t-elle.

Et puis, une expression de joie et de colère à la fois se fit dans la voix, se trahit dans le geste de la jeune femme.

— Ah! dit-elle, je puis parler enfin... je suis déliée de mon serment à cette heure.

Et pressant doucement dans ses petites mains blanches les mains nerveuses de Jean, et cédant à un élan de tendresse passionnée:

— Mais tu ne sais donc pas, dit-elle, enfant, murmura t-elle, qu'hier j'étais esclave... et que j'avais vendu ma liberté pour racheter ta vie?

Et comme il la regardait avec étonnement, elle lui dit tout ce qui s'était passé, avec cette éloquence rapide qui est l'apanage des femmes; elle lui dit l'apparition subite du comte, ses terreurs à elle, son angoisse, en se voyant à la merci de cet homme que la passion aveuglait et rendait furieux, et le danger qu'il avait couru tandis qu'il revenait, ses fleurs à la main, et le serment au prix duquel elle avait racheté sa vie...

Elle lui dit encore les scènes terribles de la Forêt-Noire, et comment elle avait conçu pour Hector cette répulsion dédaigneuse qu'elle ne cessait de lui témoigner.

Elle lui raconta enfin comment, la veille, à la porte de M. de Verteuil, elle l'avait frappé de son gant au visage, en le traitant de lâche.

Jean écoutait haletant, ivre de joie; et il s'était agenouillé aux pieds de la comtesse, de cette femme à qui la veille il n'eût osé dire « Je vous aime, » et il lui couvrait ses mains de baisers et murmurait:

— Ah! vous êtes noble et bonne...

A son tour, il lui dit sa rencontre avec le comte; et des larmes dans les yeux, des sanglots dans la voix, il répéta ces outrageantes paroles dont le comte l'avait soufflété.

— Oh! s'écria la comtesse avec indignation, vous pouvez vous battre à présent avec lui, car vous savez toute son infamie, et je ne vous retiens plus, Jean... Ce n'est point une Maltevert qui vous défendra de venger votre honneur outragé.

Et la comtesse se redressa fière, hautaine, superbe d'audace, comme il convenait à une femme dans les veines de qui coulaient quelques années et quelques gouttes encore de l'héroïque sang des croisés.

Puis, elle reprit d'une voix douce, triste, mais exempte de peur:

— Agenouillée devant Dieu, tandis que vous aurez l'épée à la main, moi qui suis d'un sang plus que vous êtes de mon sang, je prierai pour le fils de mon oncle le commandeur.

Une larme qui perlait à l'extrémité de ses longs cils se détacha à ces mots et tomba sur la main droite de Jean, qui poussa un cri d'enthousiasme:

— Ah! dit-il, comment cette main qu'une de vos larmes a bénie ne serait-elle pas victorieuse?

Il se leva fier et hautain, comme il l'était naguère, un éclair dans les yeux, une auréole de vaillance au front, la tête rejetée en arrière à la façon des chevaliers qui mesurent leur ennemi du regard; et la comtesse crut voir le commandeur lui-même, rajeuni de quarante années et disant, la main au pommeau de son épée: « Maltevert suis! »

Et il allait chercher le comte, le provoquer, le frapper au visage s'il refusait de se battre; et elle ne le retenait plus, car elle savait bien que la vie est en souffrance tant que l'honneur n'est pas vengé, lorsque Pandrille apparut au détour d'une allée.

XII

Pandrille avait repris sa physionomie des heures solennelles; il ne souriait plus, il n'avait plus l'air bonhomme; il était grave comme un tuteur qui voit son pupille sur le point de méconnaître ses conseils et de commettre une irréparable folie.

— Où allez-vous, monsieur? dit-il à Jean après avoir salué la comtesse.

— Je vais, répondit Jean, chercher cet homme infâme qui a outragé madame et qui m'a outragé moi-même.

— Pourquoi faire?

— Pour le provoquer.

— C'est inutile, il vous l'a dit hier, répliqua froidement Pandrille; il ne se battra pas avec vous.

— Pourquoi?

— Vous le savez; parce que vous vous nommez Jean; Jean tout court.

— Je le frapperai au visage, s'il le faut.

— C'est inutile encore.

— Inutile! mais cet homme est donc un lâche?

— Vous savez bien que non, puisqu'il a blessé M. de Verteuil.

— Alors, pourquoi ce mot?

— Parce que le comte n'est plus au château.

— Que dis-tu? s'écria Jean pâlissant.

— Il est parti.

— Parti! oh!...

— Je viens de le voir monter à cheval et prendre la route d'Avallon.

— Et tu ne l'as point arrêté! acclama Jean furieux; tu ne lui as pas dit qu'il n'avait pas le droit de partir!

— Non, dit naïvement Pandrille.

Le digne homme voulait, par sa froideur et son laconisme, calmer insensiblement l'effervescence du jeune homme.

— Oh! un cheval, alors, un cheval et une épée... je vais courir après lui.

— Monsieur, fit Pandrille toujours flegmatique, il vaut bien mieux attendre l'ennemi que l'aller chercher. Tous les professeurs d'escrime vous diront qu'on tue plus d'hommes en rompant qu'en marchant.

— Mais il reviendra donc!

— Ce soir.

— Eh bien! ce soir... Mais ce soir ne viendra jamais? exclama Jean hors de lui.

— Mon avis est que le soir ne vaut absolument rien pour un duel, monsieur, observa Pandrille toujours calme. Voyez plutôt ce qu'est advenu à M. de Verteuil qui s'est battu au clair de lune.

— Ah! sois tranquille, va, je le tuerai!

— N'importe, dit Pandrille, vous ne vous battrez pas ce soir...

— Je... ne... me... battrai... pas... articula Jean avec lenteur et d'un ton ironique; et qui m'en empêchera?

— Moi.

— Toi?

— Oui, moi, dit Pandrille; car je ne veux pas, moi, le serviteur de votre père, que vous vous mesuriez avec un noble homme comme M. de Maltevert, sans jouir de tous vos avantages. Il vous faut un nom.

— Mais je n'en ai pas.

— Ho! fit l'intendant haussant les épaules, qui vous dit que vous n'en aurez pas un avant premier jour? attendez...

— Attendre! mais c'est impossible!

— Attendre! murmura la comtesse regardant Pandrille avec étonnement.

— Jusqu'à l'ouverture du testament de feu M. le commandeur, oui, madame, répondit-il avec fermeté.

— Mais elle n'aura lieu que dans trois jours! s'écria Jean, et l'on ne dort pas trois nuits avec une insulte.

— Pardon, objecta Pandrille, permettez-moi de vous rappeler un article du codicille de feu M. le commandeur.

Et Pandrille, qui portait toujours sur lui une copie du codicille, la tira de sa poche et lut:

— ARTICLE TROISIÈME ET DERNIER: « Si le diamant était trouvé « par l'un de mes cohéritiers avant le délai prescrit pour l'ouverture « de mon testament, le testament pourrait être ouvert sur-le-« champ. »

— Mais, dit la comtesse, le diamant n'est point trouvé.
— Je sais des gens qui sont sur la trace.
Si Pandrille eût fait un tel aveu, soit à MM. de Franquépée, soit aux la Barilière, soit même au galant et suranné marquis de Nosrhéac, nul doute qu'ils ne se fussent évanouis sur-le-champ. Mais Jean et la comtesse s'aimaient...
Et qu'importe un diamant à ceux qui ont le paradis dans le cœur!
— Eh bien, dit madame Durand qui, maintenant, avait la conviction que le commandeur avait reconnu Jean dans son testament, — eh bien, en ce cas, attendez, Jean, attendez de pouvoir jeter un noble nom au visage de cet homme qui vous a traité de bâtard... attendez, je le veux!
Jean courba le front.
— Ah! dit-il, cette journée sera mortelle.
— Vous la passerez avec moi, lui dit la comtesse; et elle ajouta avec une émotion qu'elle essaya de dissimuler sous son beau sourire:
— Ce sera votre veillée des armes.
Pandrille, émerveillé, ne put s'empêcher de saluer la comtesse en s'écriant:
— Ah! madame, on a bien raison de dire que bon sang ne ment pas. Je ne saurais pas que vous êtes une Maltevert, que je le devinerais, rien qu'à la façon dont vous avez parlé. Le sang des Maltevert est batailleur, même dans les veines d'une femme.

XIII

M. le comte Hector de Maltevert et son frère Raoul s'étaient vainement mis au lit en revenant du souterrain. Leur agitation était telle qu'ils ne purent dormir, et le jour les surprit les yeux ouverts et rêvant tout éveillés au diamant et aux moyens de quitter furtivement le manoir de Montmorin en enlevant à la fois le précieux joyau et la comtesse.
Au point du jour, Hector fut sur pied.
— Frère, dit-il à Raoul, pour desceller le coffret, il est besoin d'outils que nous ne trouverons que dans une ville. Pour partir la nuit prochaine, il nous faut des chevaux de poste et une berline de voyage. Je vais à Avallon et ne reviendrai qu'à la nuit. Toi, reste ici, ne quitte pas le château et veille sur notre double trésor.
— Sois tranquille, répondit Raoul, si le regard d'un de nos cousins s'arrêtait sur le battant de chêne qui cache l'entrée du souterrain, d'une façon assez significative pour me prouver qu'il a notre secret, dussé-je le tuer...
Raoul eut un fier sourire, qui prouvait quel prix il attachait à ce diamant qu'elle avait désiré.
Le comte descendit aux écuries, en habit de chasse, et sella un cheval lui-même, car les valets étaient paresseux à Montmorin depuis que M. le commandeur était mort. Le soleil les trouva presque tous au lit, preuve évidente du peu d'empressement qu'ils mettaient à servir MM. les cohéritiers.
Le cheval sellé, le comte glissa ses pistolets dans les fontes et conduisit le cheval hors de l'écurie.
Là il se trouva face à face avec Pandrille.
Pandrille salua jusqu'à terre, ce qu'il oubliait assez souvent, et prononça un respectueux:
— Bonjour, monsieur le comte.
— Maître Pandrille, dit Hector, tenez-moi donc l'étrier, puisque vous êtes là.
— Ce sera un grand honneur pour moi, monsieur le comte, répondit l'intendant qui s'était glissé hors de son lit depuis qu'il l'avait entendu sortir de son appartement, et s'était juré de ne le perdre de vue que lorsqu'il aurait quitté le château, tant il redoutait une rencontre entre lui et Jean.
Le comte sauta en selle.
— Monsieur le comte aura une belle journée de chasse aujourd'hui, dit Pandrille de son air bonhomme. Le temps est superbe.
— Tant mieux, répondit Hector, car je dois courir un dix-cors avec nos voisins MM. de C... Merci, Pandrille.
Hector éperonna son cheval et partit au galop.
— Toi, dit alors Pandrille en souriant et le regardant s'éloigner, tu vas courir ton dix-cors jusqu'à Avallon. Il te faut une pince et une lime pour extraire le coffret. Bon voyage, monseigneur!
Et Pandrille pirouetta lestement sur ses talons.
Ce fut alors qu'il rejoignit Jean et la comtesse à l'extrémité du parc où nous l'avons vu obtenant du bouillant jeune homme qu'il

attendrait au lendemain pour demander raison au comte Hector de Maltevert.

XIV

La journée s'écoula pour les hôtes de Montmorin sans événement extraordinaire.
La comtesse et Jean, qui avaient enfin échangé de doux aveux, demeurèrent une partie de la matinée au chevet du commandant.
M. de Verteuil entrait en convalescence; et Pandrille qui, on s'en souvient, avait été son unique chirurgien, lui avait prédit qu'il pourrait quitter le lit avant huit jours.
Le commandant avait reçu les confidences de madame Durand, il savait que le cœur de la comtesse avait enfin parlé, et comme il lui avait voué une affection fraternelle, il étendait désormais cette affection jusqu'à Jean, qu'il regardait déjà comme son frère.
Peut-être même l'honnête Pandrille lui avait-il fait une demi-confidence sur l'état civil du prétendu fils naturel du commandeur.
Les deux amants virent les heures s'écouler avec une rapidité qu'on croirait volontiers particulière aux heures de bonheur sans nuage; — mais, vers le soir, quand le soleil s'inclina derrière les collines de l'horizon, alors un pli se forma sur le front d'ivoire de la comtesse, et l'oublieuse jeune femme tressaillit en songeant que le lendemain peut-être, à la même heure, celui qu'elle aimait, et à la vie duquel sa vie, elle le sentait bien, était désormais liée, tomberait sous le fer meurtrier du comte Hector.
A de certaines heures, l'exaltation fait oublier aux femmes la faiblesse de leur sexe et leur donne cette mâle énergie de l'homme qui fait braver la mort; mais ces heures sont de courte durée et presque toujours suivies par un réveil plein d'hésitations, d'anxiétés et d'alarmes.
Alors elles tremblent pour l'homme aimé, alors elles s'accusent en pleurant d'être la cause de ce péril de mort qu'il va courir, et madame Durand se prit à frissonner, et, éperdue, elle alla se jeter dans les bras du vieux Pandrille en disant:
— Mon Dieu! n'y aurait-il donc pas moyen d'éviter ce combat?...
— Madame, répondit le vieillard d'une voix émue, mais grave et ferme, feu M. le commandeur, mon noble maître, s'il sortait de sa tombe, irait droit à son fils et lui dirait:
« Quand on est de race militaire, mon enfant, quand on descend d'une héroïque et longue ligne de preux, dont bien peu sont morts dans leur lit, on doit avoir toujours une main sur son cœur pour l'empêcher de battre trop vite, l'autre sur la garde de son épée pour la tirer hors du fourreau à la première insulte, la tête haute et droite pour regarder en face l'ennemi. »
Ces nobles paroles du serviteur touchèrent la comtesse jusqu'aux larmes.
— Vous avez raison, dit-elle, Jean est un Maltevert, et les Maltevert ne reculent pas.
— Madame, ajouta Pandrille gagné peu à peu par l'émotion, avant que le malheureux pays où nous sommes eût vu descendre au profit de l'Être suprême, quand la France était la terre chevaleresque et chrétienne, les femmes s'agenouillaient à l'heure où leurs époux marchaient au combat.
— Oh! je prierai! s'écria-t-elle, je prierai, mon ami... je prierai toute la nuit, et Dieu m'exaucera.
Et la comtesse se mit à genoux au pied du lit du commandant, et le soldat blessé, se soulevant à demi, joignit les mains comme elle, et Pandrille courba sa tête blanche vers le sol.
Et ce dut être une noble et sainte prière aux yeux de Dieu que cette prière murmurée à la fois par le soldat couché sur son lit ensanglanté, par la femme au front pur comme celui des anges, et par l'humble serviteur anobli par l'épée, qui invoquait, tête blanche, le dieu des batailles pour cette jeune tête que son vieux maître lui avait confiée à son lit d'agonie.
Jean n'y était pas.
Pandrille se releva souriant et calme comme si la prière l'eût rendu fort et confiant, et quitta la chambre de M. de Verteuil, pour aller rejoindre le jeune homme qu'il trouva mélancolique et le bonheur dans les yeux sous les grands arbres du parc.
Il était alors huit heures du soir et la cloche du manoir appelait au souper MM. les cohéritiers.
En d'autres temps, fidèle à son devoir d'intendant, maître Pandrille, tout vêtu de noir, se fût trouvé, selon son habitude, sur le seuil de la porte ouverte à deux vantaux pour recevoir les hôtes de

Jean, murmura-t-elle d'une voix douce. (P. 45.)

son maître défunt; mais, ce jour là, Pandrille avait bien autre chose à faire, il venait de prendre le bras de Jean et lui disait :

— Mon jeune maître, il est un proverbe vieux comme le monde et dont la sagesse est infinie.

— Quel est ce proverbe ? demanda Jean étonné du ton sérieux de maître Pandrille.

— Le voici : Aide-toi, le ciel t'aidera.

— Je le connaissais; mais que veux-tu dire ?

— Que j'ai prié le ciel pour vous d'abord.

— Plaît-il ?

— Damel fit naïvement l'intendant, j'imagine qu'aussitôt que la chose sera possible, et je crois qu'elle va le devenir, vous mesurerez la longueur de votre épée à la longueur de celle de messire de Maltevert votre honoré cousin.

— Oh ! certes! murmura Jean, dont le sang s'échauffa au seul nom du comte.

— En affaire d'épée, continua Pandrille avec une froide bonhomie, on ne sait jamais ni qui vit, ni qui meurt.

— Oh ! je le tuerai, sois tranquille.

— Je l'espère bien. Mais j'ai l'honneur de vous le répéter, la vie de l'homme, quand elle est au bout d'une épée, n'a pas plus de consistance qu'un globule de savon : un souffle de vent, et c'est fini. On dit bien que le bon droit triomphe toujours; mais ceux qui disent cela n'en savent rien. Un coup mal porté et l'on glisse; une parade tardive et l'on est mort. Cela n'est même pas une question de profondeur, car il y a des coups d'épée à travers corps dont on ne meurt pas, alors que huit lignes de fer sous le sein, dans ce qu'on appelle le diaphragme vous font, en trois secondes, d'un homme bien portant un trépassé.

— Je sais tout cela, dit Jean avec calme; après ?

— J'en reviens donc à mon proverbe, je viens de prier le ciel qu'il vous aide, et comme je suis assez bon chrétien, le ciel ne me refusera pas un service, mais il faut vous aider aussi, et c'est pour cela que je cours après vous.

— Eh bien, que me veux-tu ?

— Attendez donc. Avant la mort de feu M. le commandeur, vous faisiez des armes avec moi presque tous les jours, et j'avoue que j'étais assez content de mon élève; mais depuis trois mois, nous avons un peu négligé ce salutaire exercice, et je m'en reprends aujourd'hui.

— Bah ! je n'ai point oublié tes leçons.

— N'importe ! Allons essayer dans votre chambre, vous vous referez la main avec moi.

Jean céda à l'invitation du vieux soldat, et tous deux se dirigèrent vers la maisonnette du parc.

Là, Pandrille décrocha deux fleurets, en présenta un à son élève et lui dit :

— Je me suis souvenu tout à l'heure d'un assez joli coup que je tiens d'un marin génois, qui le tenait lui-même d'un maître d'armes florentin. Le comte tire d'une assez jolie façon pour que nous recourions avec lui à la haute école. — A bon chat, bon rat !

Le maître et son élève ferraillèrent pendant plus d'une heure, se reposant à intervalles égaux; et, pendant ces moments de repos, Pandrille faisait succéder la théorie à la pratique et instruisait le jeune homme sur l'attitude prudente qu'il faut avoir sur le terrain, sur le besoin essentiel de ne jamais quitter l'œil de son adversaire, de ne jamais lui rendre la main, et de conserver sans relâche ce sentiment de l'épée, qui fait, pour ainsi dire, passer tout entière dans le fer l'intelligence du tireur.

Au bout d'une heure, Jean possédait à fond la fameuse botte secrète du marin génois, et le digne intendant disait avec le plus grand sang-froid du monde :

— A présent, je ne donnerais pas dix écus de la peau de M. le comte Hector de Maltevert. C'est une peau flambée !

Et Pandrille fit coucher Jean, qui ne tarda point à s'endormir du sommeil des braves et des amoureux, puis il regagna le manoir où bien des événements s'étaient accomplis en son absence.

XV

Tandis que, manquant à ses devoirs d'intendant, Pandrille se faisait maître d'armes, la grande table de MM. les cohéritiers s'était garnie de ses hôtes habituels.

Raoul de Maltevert présidait, comme le plus proche parent du défunt, et en l'absence de son frère aîné, car le comte Hector n'avait point paru encore.

Le jeune vicomte mangeait du bout des dents et ne quittait point du regard le grand battant de chêne qui donnait entrée du salon à terrasse.

Non aucun des couverts n'avait mis que le passé les yeux de ce côté, et, dans la journée, Raoul avait traversé vingt fois le vaste

La lecture du testament. (P. 55.)

couloir dans lequel donnait la salle à manger sans y apercevoir aucun d'eux, car la porte en demeurait habituellement ouverte.

— Messieurs, dit tout à coup l'aîné des Franquépée, savez-vous que l'heure approche?

— Oui, l'heure approche, répéta M. de Franquépée cadet qui s'était fait, durant toute sa vie, l'écho fidèle de son frère.

— Quelle heure? demanda le marquis.

— Mais, jarnidieu! messieurs mes cousins, l'heure solennelle, l'heure de l'ouverture du testament.

A ce mot, tout le monde tressaillit, et M. Bontemps de Saint-Christol s'arrêta immobile, l'œil fixe et la fourchette en l'air.

— Oui, messieurs, continua l'aîné des Franquépée, c'est dans trois jours le grand jour.

— Comment! messieurs, répliqua le marquis, c'est réellement déplorable qu'aucun de nous n'ait trouvé le diamant.

— Hélas! soupira chacun des cohéritiers sur une gamme différente mais également lamentable.

Raoul tressaillit et fut tout entier à la conversation.

— J'y ai perdu mon latin, murmura M. le chevalier Arthur de la Barillère qui se piquait d'érudition.

— Moi aussi, riposta M. de Franquépée aîné, bien qu'il fût illettré comme un noble du moyen âge.

— Hi! hi! hi! moi aussi... répéta l'écho du comte, M. le vicomte de Franquépée.

— Moi, messieurs, déclara le marquis, j'avoue que je n'y ai jamais cru.

— Allons donc! Pandrille nous a pourtant assuré...

— Eh! qui vous dit que Pandrille n'était pas d'accord avec son maître pour mystifier d'honnêtes parents comme nous?

Cette supposition du marquis donna à penser à tous les convives.

— Un diamant de trois millions! soupira M. Arthur de la Barillère.

— Ma foi! messieurs mes cousins, reprit M. de Nestléac, voulez-vous connaître mon sentiment tout entier?

— Parlez! s'écria-t-on.

— Eh bien, si réellement le diamant existe, notre parent feu le commandeur l'a si bien caché que personne ne le trouvera. Le diamant, voyez-vous, n'était autre chose qu'un bon leurre pour nous attirer tous ici et se moquer de nous.

— Mais enfin, observa M. de Franquépée aîné, le testament en fera mention, j'imagine.

— C'est probable.

— Mais à qui sera-t-il alors?

— A celui qui héritera du château, peut-être...

Comme chacun espérait hériter du château, personne ne sourcilla.

— Cependant, objecta Raoul, si par hasard le testament n'en faisait pas mention.

— Cela n'empêcherait point le nouveau propriétaire d'en être le possesseur.

— Oui, répliqua M. le chevalier Arthur de la Barillère qui se plaisait à faire des calembours; mais comme il ne le trouverait pas, ce serait une nue-propriété.

Ce pitoyable jeu de mots fit rire aux larmes MM. les cohéritiers.

— Eh bien, messieurs, continua le marquis d'une voix lamentable, permettez-moi de vous faire part d'une de mes craintes...

Les cohéritiers regardèrent le marquis avec inquiétude.

— Feu le commandeur, notre honorable parent, s'était assez mal conduit durant la révolution. Il n'avait point émigré, et vous savez qu'au lieu de se marier et d'épouser une fille de noble, ce qui eût été fort mal déjà, puisqu'il avait prononcé des vœux, il a fait pis encore...

— Oh! oui... s'écrièrent à la fois le chevalier Arthur et les Franquépée; car tous les cohéritiers comprenaient qu'il allait être question de Jean et de sa sœur, et, par pudeur, ces messieurs voulaient dispenser le marquis d'aller plus loin.

— Ah! fi! messieurs, dit Raoul, il est impossible que mon oncle, un Maltevert... Cette supposition serait une injure pour nous tous.

— Soit, dit le marquis; mais la comtesse?

— Plaît-il? fit dédaigneusement l'aîné des Franquépée. Les fiefs tombent-ils donc en quenouille? Montmorin est un fief.

— Pardon, observa le terrible et logique marquis, depuis la révolution, il n'y a plus de fiefs.

La réponse était foudroyante et les cohéritiers se regardaient avec stupeur.

— Toujours est-il, continua l'orateur, que M. de Montmorin aimait fort sa nièce, et je ne serais nullement étonné qu'elle eût le gros lot dans la succession.

Une consternation générale s'empara des convives qui, un moment, demeurèrent atterrés; puis ce fut un concert, une explosion d'injures et de menaces.

— Une femme qui s'est mésalliée! s'écria l'aîné des Franquépée.

— Et qui nous donne ici même le spectacle de son inconduite!

4

exclama M. le chevalier Arthur de la Barillère, qui tenait encore plus aux mœurs qu'à la politique.

Bontemps de Saint-Christol cligna de l'œil, à ces mots, d'une façon approbative.

— Eh bien oui, messieurs, reprit le marquis d'un ton hypocritement indulgent, cela n'empêchera point, j'en ai la conviction, madame la comtesse Durand, veuve d'un soldat de Bonaparte, d'hériter du castel de Montmorin ; et vous n'y pourrez rien.

— Mais, s'écria M. Arthur chevalier de la Barillère, qui était un profond légiste, on peut faire casser un testament !

— Non, quand il est en règle.

— Ah ! par exemple ! murmura le comte de Franquépée rouge d'indignation.

— Oui, messieurs, poursuivit le marquis toujours calme et railleur, autrefois la famille eût demandé au roi une lettre de cachet et elle eût fait enfermer aux Madelonnettes une femme qui soulève partout le scandale. Mais aujourd'hui...

— Aujourd'hui, dit une voix sur le seuil de la salle, à défaut du roi et des lettres de cachet, il y a l'arrêt suprême et mystérieux d'une famille !

Les convives se retournèrent stupéfaits et aperçurent debout, calme et froid comme un juge qui prononce une condamnation selon sa conscience, M. le comte Hector de Maltevert qui venait d'entrer. Le comte ferma les deux battants de la porte et s'avança vers les cohéritiers :

— Messieurs, dit-il, si un ou plusieurs de nous se chargeaient de l'exécution de la sentence, condamneriez-vous à une réclusion perpétuelle cette femme qui déshonore notre nom ?

— Oui, oui, dirent à la fois le marquis, les Franquépée et le chevalier Arthur.

Bontemps de Saint-Christol cligna de l'œil, ce qui était un assentiment muet. Il n'y eut que M. Charles-Anacharsis de la Barillère qui se tut, en sa qualité de secret adorateur de la comtesse.

Peut-on condamner ceux qu'on aime ?

— Prenez garde, messieurs, reprit le comte ; un secret que je ne puis révéler et dont le hasard seul m'a rendu possesseur, m'a appris que la comtesse Durand est la légataire presque universelle du commandeur ; prenez garde de la condamner pour ce fait et non pour ses fautes.

Le comte mentait en parlant ainsi ; mais il savait bien qu'en parlant ainsi, il détachait de la comtesse son dernier partisan et son dernier défenseur, si elle avait dû en trouver parmi les cohéritiers.

— Non, non ! s'écria la majorité, nous ne la condamnons que pour ses fautes.

— Eh bien, en ce cas, acheva Hector d'une voix solennelle, après avoir pris votre avis à vous tous, messieurs, constitués en tribunal de famille ; moi, le chef de la branche aînée de notre race, je condamne madame la comtesse Durand, qui a démérité, à être transportée violemment en Allemagne et enfermée dans un couvent, et je me charge de l'exécution.

Un murmure d'enthousiasme se fit dans la salle.

— A présent, messieurs, dit Hector, rentrez tous chez vous et gagnez vos lits. Si cette nuit un bruit quelconque frappait vos oreilles, cris ou menaces, coups de pistolet même, supposez que vous rêvez.

Il appuya sur ces derniers mots d'un ton impérieux et, d'un geste, il leva la séance.

Chacun des cohéritiers défila devant lui faisant *in petto* diverses réflexions.

— Moi, pensa M. de Nosrhéac, je ne veux pas me mêler de cela. La comtesse m'a dédaigné, tant pis pour elle ! Je vais dormir comme un loir.

— Moi, murmura à part lui M. le chevalier Arthur de la Barillère, je trouve la condamnation plus que juste, et j'ai condamné en mon âme et conscience ; mais je suis de robe et non d'épée, et les moyens d'exécution ne me regardent pas.

Bontemps de Saint-Christol pensait en s'en allant :

— Il me semble que le souper a été plus court aujourd'hui que de coutume. On dirait que j'ai encore faim...

Hector arrêta le comte de Franquépée qui sortait le dernier.

— Cousin, lui dit-il, vous avez été garde du corps ?

— Oui, certes.

— On peut compter sur vous ?

— Certainement.

— Très-bien ; peut-être aurai-je besoin de vous cette nuit ?

— Que faut-il faire ? je suis prêt.

— Je vous placerai en sentinelle, avec deux pistolets, à une porte.

— A merveille... cela me va.

— Et votre frère à une autre.

— Cela me va, répondit en chœur le cadet du comte, en écho fidèle qu'il était.

— Mais en attendant, acheva M. de Maltevert, allez dormir. Je vous éveillerai. Seulement, couchez-vous tout vêtus.

XVI

Hector et son frère demeurèrent seuls.

— Eh bien ? fit Raoul avec vivacité.

— J'ai tout préparé, dit le comte. J'ai trouvé à Avallon, chez un serrurier, un trousseau de fausses clefs, une lime et une pince. J'ai acheté une voiture et deux excellents chevaux.

— Bravo ! dit Raoul.

— En outre, j'ai mis la main sur un homme précieux, un Allemand longtemps prisonnier en France, et que la trêve vient de faire libre. J'ai rencontré cet homme sur la route, il s'en allait à pied et regagnait son pays presque sans ressources. J'ai acheté sa fidélité et son dévouement. Il est brave, têtu, et ne sait pas un mot de français.

A minuit, il nous attendra avec la chaise de poste attelée à deux cents pas du château, de l'autre côté du parc, dans la route qui traverse le bois.

Ensuite, j'ai acheté tout à l'heure les services d'un valet ; il a versé, dans le vin qu'on vient de monter à la comtesse, le contenu de ce flacon qui renfermait un puissant narcotique.

Ce valet, le seul qui couche au château avec Pandrille, sera à nos ordres.

A nous la comtesse !

— A nous le diamant ! murmura Raoul.

Et les deux frères remontèrent dans leur appartement et continuèrent à tenir conseil.

— Frère, dit alors Raoul, avant d'enlever la comtesse, il faut avoir le coffret.

— Sans nul doute. Ce sera en revenant du souterrain que nous pénétrerons chez elle. Le valet que j'ai corrompu m'a livré une double clef de son appartement.

— Ainsi, tout est prêt ?

— Tout.

Les deux frères visitèrent l'amorce de leurs pistolets, mirent leur or dans deux ceintures de cuir ; puis ils attendirent avec la plus vive impatience que les différents bruits qui annonçaient le mouvement et la vie dans le château se fussent éteints un à un.

Pour laisser à messieurs les cohéritiers la faculté d'errer à leur gré dans le manoir de nuit et de jour, et s'y livrer à la recherche du fameux diamant, Pandrille avait logé les domestiques dans un corps de logis isolé du corps principal, où il ne restait que lui et le valet corrompu par Hector.

Vers minuit, ils entendirent résonner dans l'escalier le pas lent et pesant de maître Pandrille.

L'intendant gagna son logis ; les deux frères l'entendirent fermer solidement sa porte ; puis le silence régna dans le manoir.

— Voici l'heure, dit Hector, allons !

XVII

Madame la comtesse Durand avait passé la soirée au chevet du commandant. Vers neuf heures, M. de Verteuil avait paru s'assoupir, et alors elle était rentrée chez elle.

Son souper était servi sur un petit guéridon et Pandrille l'attendait une serviette à la main.

Le bon serviteur, au mépris de sa dignité d'intendant, avait voulu servir lui-même la nièce chérie de feu son maître, depuis qu'elle ne paraissait plus à la salle à manger, et c'était pour cela que le souper de la comtesse n'avait lieu qu'après celui de MM. les cohéritiers.

Pandrille fit part à madame Durand de la confiance qu'il avait de la sûreté de main et de coup d'œil de Jean, et la jeune femme se reprit à espérer en voyant le bonhomme souriant et presque gai.

Quand le valet qui montait les plats eut apporté le dessert, l'intendant alla verrouiller la porte d'un air mystérieux et revint à la comtesse :

— Madame, dit-il, ce matin je vous ai appris que l'ouverture du testament de feu M. le commandeur aurait vraisemblablement lieu demain, parce qu'on était sur les traces du diamant.

— C'est juste, dit la comtesse. Eh bien?

— Mais je ne vous ai pas dit qui le trouverait, ou plutôt qui l'a trouvé.

— Qui donc? demanda-t-elle.

— MM. de Maltevert.

— Ah! murmura la comtesse avec indifférence, tant pis!

— C'est-à-dire, reprit Pandrille, que ces messieurs ont trouvé la place où il était enfoui et le coffret qui le renfermait.

— Et ils l'ont pris?...

— Pardon, ce n'est pas eux.

— Comment?...

— C'est moi, acheva Pandrille.

— Vous!

— Moi-même.

— Mais vous n'êtes pas héritier?

— Bon! mais vous êtes héritière, vous, madame.

— Eh bien?

— Eh bien, je l'ai pris pour vous.

— Mais si ces messieurs l'ont trouvé les premiers, c'est un vol, mon pauvre Pandrille.

— Bah! dit-il en souriant, vous allez bien voir que non.

Et le bonhomme s'arma du volumineux manuscrit, où feu M. le commandeur exprimait ses volontés formelles, et il lut à madame Durand le fameux *article troisième*.

Le manuscrit ne quittait jamais Pandrille, et changeait simplement de poche quand l'intendant changeait de pourpoint.

— C'est mon bréviaire, dit-il à la comtesse.

Puis il fouilla dans ses poches et en retira sa bourse de cuir; ensuite, il ouvrit la bourse et laissa tomber le diamant sur une assiette; — après quoi il présenta l'assiette à la comtesse en lui disant:

— Voilà, madame, un fruit qui a bien son mérite.

Malgré toutes les descriptions qui lui avaient été faites du précieux joyau, la comtesse demeura éblouie. Jamais femme, au milieu du rêve le plus oriental, n'avait vu ni rêvé un diamant aussi gros...

— Dieu! murmura-t-elle, serais-je donc ici dans le palais d'une fée?

— A la condition d'être la fée vous-même, répondit maître Pandrille Bourdin qui, au besoin, possédait de belles manières et savait tourner un compliment.

Alors, le digne serviteur raconta à la comtesse les épisodes de la nuit précédente, la joie et l'anxiété des deux frères en découvrant le coffret, leur dépit de n'avoir pu ni l'ouvrir ni le briser, et il ajouta:

— Si je n'étais aussi las, je me passerais la fantaisie de les troubler, cette nuit encore, dans leur opération. Ce qu'il y aura de superbe, du reste, c'est qu'ils ne s'apercevront qu'ils ont été joués qu'au dernier moment et quand le coffret sera brisé.

Maître Pandrille prit alors congé de la comtesse qu'il laissa toujours triste, mais cependant plus rassurée sur les suites de ce combat qui, elle le comprenait, devenait maintenant inévitable.

Madame Durand demeura quelques moments encore au coin de son feu de printemps, car les soirées étaient fraîches à Montmorin.

— C'est singulier, murmura-t-elle, j'ai la tête lourde, lourde... comme si j'avais bu... et à peine ai-je trempé mes lèvres dans un verre de vin de Bordeaux.

Et en effet, le narcotique mêlé, par les soins d'Hector, au vin qu'on lui avait servi, commençait à agir, et lorsqu'elle voulut se lever pour aller s'agenouiller au pied de son lit et prier pour Jean, ses jambes refusèrent de la porter, elle retomba sur son siège, sa tête s'inclina sur sa poitrine, ses yeux se fermèrent...

Madame la comtesse Durand n'avait pas même verrouillé sa porte, — et le fameux diamant était dans une assiette, sur le guéridon, à la discrétion du premier laquais qui entrerait...

Car la comtesse dormait déjà de ce sommeil léthargique et profond que procure l'opium, et le château de Montmorin se fût écroulé tout entier sans qu'elle s'éveillât.

A minuit, Pandrille monta se coucher fort tranquillement.

XVIII

— Allons! avait dit Hector à son frère, voici l'heure.

Les deux frères se munirent du trousseau de fausses clefs apportées d'Avallon, de la lime et de la pince destinées à desceller le coffret, et, armés de leurs pistolets, ils descendirent à la salle à manger, où ils firent jouer les arcanes mystérieuses du bahut.

Le cœur de Raoul battait d'émotion en descendant les marches du souterrain. Et lorsqu'ils furent parvenus à l'endroit où, la veille, ils avaient recouvert le coffret, ils examinèrent attentivement le sol, y cherchant l'empreinte de leurs pas et s'assurant que nul n'était venu après eux.

— Tu le vois, dit Hector, les craintes étaient chimériques et le diamant est bien à nous.

Et s'armant de la bêche, il fouilla le sol aussitôt et eut bientôt mis à découvert le coffret et la pierre où il était scellé.

Cette besogne accomplie, les deux jeunes gens examinèrent alors, avec une profonde attention, et la boîte de fer et la façon dont elle était fixée dans la pierre. Ils reconnurent alors que le coffret pouvait être ouvert, où on en avait toutefois la clef, sans qu'il fût nécessaire de l'arracher à son alvéole, et sur-le-champ ils tinrent conseil.

— Mon cher, dit Hector, je m'y connais parfaitement: les serrures de ce genre ne se forcent point. Si aucune des clefs que nous avons apportées n'entre et ne tourne dans la serrure, il faut desceller les crampons de fer ou les limer, ce qui sera plus vite fait. Nous emporterons le coffret et le briserons plus à notre aise.

Le trousseau de clefs fut délié, elles furent essayées toutes, mais aucune ne pénétra dans la mystérieuse serrure.

— A l'œuvre donc! dit Raoul, limons les crampons.

En ce moment, ils crurent entendre un léger bruit, et tous deux tressaillirent.

— Morbleu! murmura le vicomte, nous sommes fous, Dieu me damne! ou bien, en effet, quelqu'un a notre secret, et, cette fois, j'en aurai la certitude. Je vais parcourir le souterrain en tous sens.

Raoul arma ses pistolets et, tandis que son frère, accroupi sur la pierre, entamait l'un des crampons, il se dirigea vers l'orifice du souterrain qui donnait sur la rivière.

Cependant, MM. de Maltevert n'avaient point été le jouet d'une illusion, et ils avaient bien réellement entendu du bruit; seulement ce bruit venait du côté de la salle à manger, et le vicomte lui tournait le dos en se dirigeant vers la rivière.

Or, voici quelle en était la cause:

Il y a un personnage de notre histoire que nous avons fort négligé et qui n'était point dépourvu de tout mérite cependant: c'était M. Bontemps de Saint-Christol.

M. Bontemps parlait peu, mangeait et buvait beaucoup, souriait sans cesse, et les autres cohéritiers avaient fini par le considérer comme un de ces êtres insignifiants qui ne comptent jamais dans aucun nombre.

C'était un tort. M. Bontemps était taillé en Hercule: il avait de larges épaules qui eussent étayé solidement le manoir de Montmorin s'il eût craqué sur ses vieilles assises; son béat sourire dissimulait une volonté tenace, et si M. Bontemps avait eu des passions, il est hors de doute qu'il n'eût employé ses robustes facultés à les servir.

Or, M. Bontemps, qui était fort naïf, avait prêté une oreille attentive à la légende de la comtesse, et il s'imagina en quittant la table qu'il avait picoré au lieu de souper gaillardement, et que son ventre était demeuré demi-plein. Cette pensée tourmenta si fort le sire de Saint-Christol, qu'il se retourna dans son lit pendant deux heures et ne put parvenir à fermer l'œil.

Enfin il lui vint une idée; cette idée était presque une inspiration, et, pour un homme qui n'exerçait jamais ses facultés intellectuelles, c'était merveille! M. Bontemps se souvint qu'on avait laissé à peu près intacte une dinde truffée, et lui, qui ne parlait jamais en public, ne dédaigna point de s'adresser le monologue suivant:

— Puisque nous sommes ici pour partager l'héritage et chercher le diamant, il est évident que nous devons être hébergés aux frais de la succession et que nous avons le droit de boire à notre soif et de manger à notre faim.

Ce raisonnement était plein de tact et de justesse.

— Or, poursuivit-il, j'ai encore faim et la soif me brûle. Il faut absolument apaiser l'une et l'autre.

Et M. Bontemps s'habilla et descendit bravement à la salle à manger, armé d'un flambeau.

Mais en pénétrant dans la vaste salle, il eut le frisson...

Le bahut où l'on serrait la desserte était grand ouvert.

— Aurait-on mangé la dinde ? murmura-t-il en pâlissant.

Et, la sueur au front, il s'approcha.

Quelle ne fut point alors sa stupéfaction en reconnaissant que le bahut avait un double fond et que, derrière ce double fond, il y avait une porte ouverte !

— Oh ! oh ! dit-il, qu'est-ce cela ?

M. Bontemps était aussi brave que naïf : il serait descendu aux enfers sans sourciller ; voyant une porte ouverte et les marches d'un escalier, il déposa son flambeau à l'entrée et s'aventura dans le souterrain à l'extrémité duquel brillait une lumière.

Il ne songeait point au diamant, cependant ; mais il obéissait à une vague curiosité, et la curiosité rend prudent.

C'est pour cela que M. Bontemps laissa son flambeau et marcha sur la pointe du pied.

Quand il fut au bas de l'escalier, il aperçut, à soixante ou quatre-vingts pas devant lui, une forme humaine accroupie sur le sol, et il entendit le bruit d'une lime.

M. Bontemps était un de ces hommes dont l'intelligence se développe d'autant plus à un moment donné qu'ils l'exercent plus rarement.

— Le diamant ! murmura-t-il. On trouve le diamant !

Et cet homme si doux, si inoffensif, devint tout à coup féroce et se sentit capable d'un crime.

— J'en veux ma part ! murmura-t-il.

Alors Bontemps ne fut plus un homme ; il devint le serpent qui rampe dans l'ombre jusqu'à sa proie pour l'étreindre et l'étouffer d'un seul embrassement de ses énormes replis.

Cependant, tandis que Raoul explorait le souterrain, le comte Hector entamait avec acharnement les crampons qui scellaient le coffret, et il en avait déjà limé deux sur quatre.

A mesure que sa besogne avançait, il se laissait aller à son rêve d'ambition et d'amour tout à la fois, et se voyait en même temps possesseur du diamant et de la comtesse. Hélas ! tout rêve a son réveil, et M. de Maltevert s'en aperçut lorsque maître Bontemps, arrivant à pas de loup derrière lui, lui appliqua simplement les deux mains sur l'épaule en riant d'un rire formidable :

— Ah ! le diamant ! fit-il, bravo ! bravo !

D'abord, frissonnant et pâle à la vue de Bontemps qui lui parut un géant, le comte Hector se remit promptement de son émotion, et lui adressant un bienveillant sourire :

— Ah ! c'est vous, mon cousin ? dit-il.

Bontemps cligna de l'œil.

— Vous le voyez, j'ai trouvé le diamant.

— Tant mieux pour vous ! dit Bontemps.

— Merci, mon cousin.

— Et tant mieux pour moi.

— Hein ? fit le comte qui croyait avoir mal entendu.

— Je dis tant mieux pour moi, mon cousin.

— Comment l'entendez-vous ?

— Mais... naturellement.

Bontemps de Saint-Christol était d'un calme antique.

— Je ne comprends pas, dit le comte.

— C'est fort simple, pourtant.

— Mais encore ?

— Nous partagerons.

— Partager ! s'écria Hector.

— Oui, fit Bontemps.

— Vous êtes fou, mon cousin.

Bontemps, fatigué de parler, hocha négativement la tête.

— Vous n'avez donc pas lu le testament du commandeur ?

Bontemps cligna de l'œil d'une façon affirmative.

— Alors, vous devez savoir que le diamant appartient à celui qui le trouve.

— Je le trouve comme vous, moi.

— Vous êtes dans l'erreur, mon cher monsieur ; le diamant est à mon frère et à moi.

— Et à moi aussi, puisque j'en veux ma part.

— On ne partage point un diamant.

— Nous le vendrons.

Et Bontemps, appuyant de nouveau ses larges mains sur les épaules du comte, le fit plier jusqu'à terre.

Hector pâlit et trembla, tout brave qu'il était.

Bontemps poursuivit, avec un sang-froid digne de l'antiquité :

— Si je voulais, je vous assommerais d'un coup de poing, et j'aurais tout.

— Voyons ! dit le comte essayant de sourire, capitulons !

— Je le veux bien.

— Que vous faut-il ?

— La moitié.

— Et mon frère ?

— Alors, je me contenterai du tiers.

Bontemps avisa en même temps les pistolets qu'Hector avait placés à terre à la portée de sa main et s'en empara. Puis, il en fit jouer les batteries ; et regardant Hector, il lui montra la lime et le crampon entamé :

— Continuez, lui dit-il.

Hector comprit qu'il fallait s'exécuter de bonne grâce, et il se remit à la besogne. Mais il venait de réfléchir que Raoul ne pouvait tarder à revenir, et il espéra que son retour modifierait singulièrement la situation.

Raoul était homme à camper une balle dans la tête à maître Bontemps avant que celui-ci eût eu le temps de crier gare !

Maître Bontemps entendit marcher et eut la même pensée qu'Hector, car il souffla soudain le flambeau, appuyant en même temps le canon de son arme sur le front d'Hector.

Le flambeau de l'aîné des Maltevert éteint, M. Bontemps de Saint-Christol et lui se trouvèrent dans l'ombre, tandis que Raoul, qui portait le sien à la main, devint un magnifique point de mire.

On n'eût jamais soupçonné tant de hardiesse et d'ingéniosité chez M. Bontemps.

Mais l'inoffensif cohéritier voulait sa part du diamant, et les circonstances le métamorphosaient en homme de génie.

— Mon beau cousin, souffla-t-il à l'oreille d'Hector, si vous ne voulez aller sur-le-champ dans l'autre monde, priez donc votre frère de décharger ses pistolets en l'air.

Le comte sentit sous son front l'anneau glacé qu'y imprimait l'arme de Bontemps, et il devina que ce dernier était homme à exécuter sa menace.

— Raoul ! cria-t-il d'une voix étranglée par l'émotion, tire tes pistolets en l'air... ou je suis mort !

Tout brave qu'il était, le vicomte comprit qu'il se passait quelque chose de terrible, et il obéit.

Mais il continua à approcher et il aperçut alors, dans le rayon de clarté projeté par son flambeau, maître Bontemps qui tenait toujours son pistolet à la hauteur du front d'Hector.

— Bonjour, cousin, dit le cohéritier en souriant.

Raoul tressaillit et le regarda d'un air stupéfait.

L'œil de Bontemps pétilla de convoitise et désigna le coffret.

— Il n'y a plus qu'un crampon à scier, dit-il. Continuez, cousin, continuez.

Et il poussa la complaisance jusqu'à rallumer le flambeau qu'il avait éteint. Puis il se dirigea tranquillement vers l'endroit où Raoul avait laissé tomber ses pistolets, les ramassa et les mit dans sa poche.

— Le drôle nous a surpris, murmura le comte.

— Eh bien ? fit Raoul avec colère.

— Il veut sa part.

— Oh ! par exemple !

— Promettons-la-lui ; nous verrons... il faut gagner du temps... Le drôle serait homme à nous tuer sur place, et c'est presque un géant !

En prononçant ces derniers mots, Hector achevait de desceller le coffret.

Bontemps s'en empara.

— Que faites-vous ? s'écria Raoul.

— Vous le voyez bien, répondit Bontemps avec flegme, je prends le coffret.

— Vous voulez donc nous voler ?

— Non, je ne veux que ma part. Seulement, je vais essayer de l'ouvrir.

— C'est impossible ! il faut le briser.

— Eh bien, on le brisera.

Et, s'armant d'un marteau, le géant frappa à tour de bras sur le couvercle. Mais le coffret était de cet acier merveilleux dont la trempe mystérieuse, connue des armuriers de Milan, s'est perdue depuis ; et Bontemps, malgré sa force herculéenne, eut beau frapper...

— Il n'y a qu'un serrurier qui pourra l'ouvrir, dit Hector.

— Nous irons voir un serrurier.

— Rendez-le-moi donc, alors...

— Non pas. Nous le garderons à nous trois...

M. Bontemps de Saint-Christol était devenu la prudence même.

— Maintenant, dit-il, allons-nous-en. J'ai d'horribles tiraillements d'estomac, car j'ai une faim terrible. Nous avons laissé à souper une certaine dinde qui a bien son mérite.

Et toujours son coffret sous le bras, M. Bontemps de Saint-Christol se dirigea vers l'escalier, suivi par les deux frères consternés. Tous trois furent bientôt dans la salle à manger. Là, le coffret d'une main, il prit de l'autre l'immense plat où gisait la dinde et le posa sur la table.

— Asseyez-vous donc, mes beaux cousins, dit-il, et voyez s'il n'y a pas quelques bouteilles de vin dans le bahut. Quand on a fait une besogne aussi rude, on doit avoir soif en diable!

Les deux frères échangèrent un coup d'œil :

— Nous le griserons! pensèrent-ils.

Mais Bontemps eût vidé à lui tout seul le fameux tonneau de Heidelberg qu'il n'en eût été que peu ému, et il mangea et but sans sourciller pendant près d'une heure.

— Ma foi! murmura Hector à l'oreille de Raoul, le plus simple est de l'emmener avec nous; nous aviserons en route.

— Oui, fit Raoul d'un signe.

— Cousin? dit alors le comte.

Bontemps leva la tête, et d'un clignement d'yeux il sembla dire :

— Allez! je vous écoute.

— Vous vous souvenez de ce que j'ai dit ce soir à nos cousins, à souper?

— Oui, fit l'œil de Bontemps.

— Nous allons enlever la comtesse...

— Ah! ah! exclama le géant avec son formidable sourire.

— Or, pour enlever la comtesse, il faut quitter le château, et cependant nous ne voulons pas vous abandonner le diamant à vous tout seul.

— Je ne veux que ma part.

— On ne peut pas couper un diamant en trois.

— C'est juste. Alors, laissez la comtesse.

Hector frissonna.

— Pourquoi, dit-il, ne viendriez-vous pas avec nous?

— Où cela?

— En Allemagne.

— Pardon, interrompt vivement le sire de Saint-Christol, qui décidément devenait loquace; n'est-ce point en Allemagne qu'on boit ce fameux vin du Rhin?

— Précisément.

L'œil de Bontemps s'alluma et clignota dans sa paupière ridée.

— Et, fit-il encore, n'est-ce point en Allemagne qu'on mange ces énormes poulardes farcies?...

— Tout juste.

— Et ces gelées merveilleuses de fruits de toute espèce?

— Oui, mon cousin.

— Est-ce loin, l'Allemagne?

— Trois jours de chaise de poste.

— Alors, dit l'héroïque Bontemps, je vous suis.

Hector frissonna de joie, comme tout à l'heure il avait frissonné d'angoisse.

— Eh bien, dit-il, venez en ce cas, car la nuit s'avance et il faut qu'au jour nous ayons fait du chemin. Vous porterez donc la comtesse jusqu'à la voiture? ajouta-t-il en lorgnant les épaules et les bras d'Hercule de Bontemps.

— Comme une plume, répondit modestement le colosse; mais où est la voiture?

— A deux cents pas du château, dans le bois.

— Parfait!

Et Bontemps de Saint-Christol se leva, mit le coffret dans sa poche, une poche vaste et profonde où il glissait d'ordinaire quelques bribes du dessert pour tuer le temps entre les repas, — puis il dit simplement :

— Venez, je suis prêt; si la comtesse crie, je l'étranglerai.

— Elle ne criera pas.

— Vous croyez?...

— Elle dort. Elle a pris de l'opium dans son vin.

Un sourire béat de Bontemps apprit à Hector qu'il ressentait pour lui une vive admiration.

— Allons! dit Bontemps.

XIX

Les deux frères et M. Bontemps de Saint-Christol quittèrent la salle à manger et se dirigèrent vers l'appartement occupé par MM. de Franquépée.

Le comte s'était couché tout vêtu et son cadet l'avait imité.

Tous deux avaient chargé leurs pistolets et les avaient soigneusement amorcés.

Il y avait si longtemps que les Franquépée ne s'étaient trouvés à pareille fête, qu'ils ne purent fermer l'œil en attendant l'heure solennelle où on allait utiliser leurs vertus guerrières.

— Cousin, souffla Hector à l'oreille de Bontemps, il est parfaitement inutile de parler du coffret, je présume?

— Parbleu! répondit le géant.

M. Bontemps avait toujours les pistolets d'Hector et Raoul n'avait point songé à recharger les siens. Les deux jeunes gens étaient donc sans armes par le fait, et toujours à la discrétion du sire de Saint-Christol. Mais celui-ci était loyal, et il ne voulait que sa part.

D'ailleurs, la tension d'esprit d'Hector se portait tout entière sur la comtesse, et il ne songea même pas qu'il était dans l'impuissance de se défendre.

Quant à Raoul, il ne quittait point le sire de Saint-Christol d'un seul pas, tant il craignait de voir lui échapper le diamant qu'il estimait bien plus que sa propre vie.

Hector frappa doucement à la porte. Le comte de Franquépée sauta de son lit et vint ouvrir :

— Nous sommes prêts, dit-il.

— Bien, répondit l'aîné des Maltevert; alors, venez.

Les deux frères sortirent le chapeau sur la tête, le pistolet au poing.

Hector conduisit M. de Franquépée aîné à la porte de Pandrille, puis il lui dit :

— Vous allez rester là, mon cousin; si le drôle veut sortir, vous le menacerez de lui camper une balle dans la tête.

— Et s'il veut passer malgré la menace?

— Vous camperez la balle.

— Bien, dit le comte avec flegme, ce sera fait.

Pendant ce temps, Raoul plaçait M. de Franquépée jeune à la porte du commandant et lui faisait la même recommandation.

— Très-bien, répondit le cadet sur le même ton que son aîné.

— Maintenant, cousin, dit Hector à Bontemps, il faut vous charger de la comtesse.

— Je vous ai dit que je la porterai comme une plume.

MM. de Maltevert, munis de la double clef, s'arrêtèrent devant la porte de madame Durand; mais la double clef était inutile : la porte s'ouvrit au loquet et tourna sur ses gonds.

Le cœur d'Hector battait violemment, et son émotion était si grande, qu'il laissa Bontemps et son frère entrer les premiers. Un candélabre à trois branches brûlait encore sur le guéridon chargé des débris du souper de la comtesse; mais la comtesse, qui s'était endormie au coin du feu, n'était plus dans son grand fauteuil, et le diamant avait disparu de l'assiette où Pandrille l'avait placé pour l'offrir à la jeune comtesse.

Au fond de l'alcôve dont les rideaux rouges étaient soigneusement tirés, on entendait la respiration calme et régulière de la comtesse endormie.

Les ravisseurs s'approchèrent de cette alcôve et M. Bontemps de Saint-Christol, écartant les rideaux, s'apprêta à prendre la jeune femme dans ses bras.

M. Bontemps de Saint-Christol était un homme brave, on peut le croire, et on n'aurait rarement vu reculer, il eût passé dans une fournaise pour aller boire un verre de vin de l'autre côté, et joué sa vie au pistolet contre un pâté de foie gras de Strasbourg.

Mais cependant, tout brave qu'il était, M. Bontemps de Saint-Christol fit tout à coup trois pas en arrière, tandis que le comte de Maltevert et son frère poussaient un cri de stupeur et d'effroi...

Les rideaux que fermaient l'alcôve venaient de s'ouvrir, et voici quel spectacle s'était offert alors aux yeux des ravisseurs.

La comtesse, endormie et toute vêtue encore, était couchée sur la courtine rouge du lit, sa belle tête sur un oreiller de velours.

Aux quatre coins du lit, il y avait quatre hommes debout, muets, le pistolet d'une main, l'épée de l'autre, semblables à ces dragons de la Fable qui gardaient un trésor.

Quels étaient donc ces défenseurs inconnus?

XX

De même que M. Bontemps de Saint-Christol avait reculé à la vue des mystérieux défenseurs de la comtesse, faisons un pas en arrière pour expliquer leur présence en ce lieu.

Parmi MM. les cohéritiers, il en était un auquel personne n'avait cru devoir attribuer la moindre importance et qui n'avait soufflé mot durant cette condamnation de la comtesse qui avait été votée et prononcée solennellement.

C'était M. Charles-Anacharsis de la Barillère que nous avons fort négligé depuis quelque temps et qui, cependant, était un adolescent plein de mérite.

M. le chevalier Arthur, son honoré père, s'était peut-être un peu trop habitué à lui imposer sa volonté sans consulter la sienne; peut-être aussi l'éducation morale et la timidité du jeune homme inspiraient-elles une trop grande confiance...

Toujours est-il que l'héritier du beau nom de la Barillère devait tromper les plus belles espérances et prouver quelque jour qu'il était, aussi bien que le mouton enragé du proverbe, capable de révolte et d'énergie subite.

M. le chevalier Arthur, du reste, était la cause première de ce revirement qui allait bientôt éclater. Le digne gentilhomme avait un matin parlé mariage à son innocent rejeton, dont les rêves lui retraçaient à peine une confuse image d'*Estelle et de Némorin*; il lui avait désigné madame Durand du bout du doigt en lui disant :

— Voilà ta femme!

Et le jeune Anacharsis avait pris la chose au sérieux; il était devenu amoureux, sérieusement amoureux de la belle comtesse.

Lorsque la chronique scandaleuse de Montmorin eut bien constaté que la comtesse et le commandant étaient unis par des liens mystérieux, le jeune Anacharsis se sentit frappé au cœur; il crut qu'il allait mourir; quand, quelques jours après, MM. les cohéritiers, dont l'indignation était au comble en apprenant que madame Durand qualifiait Jean le Bâtard du titre de cousin, eurent décidé qu'elle était coupable du crime de lèse-famille, l'adolescent souffrit mille morts.

Mais il n'en aima pas moins la comtesse, justifiant ainsi cet acharnement de l'amour aveugle qui s'accroît de la grandeur même des obstacles. Peut-être même, obéissant à cette secrète dépravation innée dans le cœur humain, M. Charles-Anacharsis, le timide jeune homme, n'aimait-il si violemment la comtesse que parce qu'elle semblait avoir démérité.

Aussi, quand M. Charles-Anacharsis de la Barillère, qui était doux comme un mouton et timide comme une jeune fille, entendit prononcer cette condamnation solennelle et comprit que la comtesse allait courir le plus affreux des dangers, il eut le vertige.

Le mouton devint loup; les écailles de timidité qui recouvraient ses yeux tombèrent comme par enchantement; il regarda Bontemps de Saint-Christol avec envie, et se prit à souhaiter d'avoir sa force herculéenne et sa stature pour écraser à coups de poing tous ces hommes qui conspiraient contre elle. Pour la première fois, peut-être, le candide adolescent, élevé dans les plus sévères maximes du respect filial, osa songer à secouer brusquement le joug paternel.

— Je la sauverai se dit-il.

Dès lors, M. Charles-Anacharsis de la Barillère, muet et rougissant comme l'innocence, joignit à la douceur de l'agneau la prudence du serpent : il ne parla point, il médita; il ne chercha point à plaider la cause de la condamnée, mais il rumina son salut; il ne marcha plus, il rampa.

M. Charles-Anacharsis n'avait jamais manié une épée, jamais il n'avait amorcé un pistolet; il était de robe et non d'épée, comme disait son digne père, et l'exercice des armes était une chose dont il devait se garder. Aussi, notre néo-paladin ne songeait-il point à défendre, lui tout seul, la comtesse contre tant d'ennemis, et il pensa que le plus sage était de prévenir Pandrille. Mais la chose n'était point facile, car M. Charles-Anacharsis n'avait jamais fait un pas sans son père, le soir surtout; et M. le chevalier Arthur, qui oubliait un peu trop que son fils avait dépassé la vingtaine, lui ordonnait de se mettre au lit en sortant de table.

Le bel amoureux se coucha donc sans murmurer, mais il se promit bien de s'esquiver aussitôt que de sonores ronflements, se faisant entendre dans la pièce voisine, lui apprendraient que l'auteur de ses jours était endormi.

Malheureusement, ce jour-là, le digne chevalier qui, ordinaire-

ment, dormait dès neuf heures, se tourna et retourna fort longtemps dans son lit, agité qu'il était par la pensée que la comtesse, à laquelle il avait voué une haine profonde, allait enfin expier ses crimes; et ce ne fut que vers minuit, précisément au moment où le comte Hector et son frère descendaient au souterrain, que le jeune Charles-Anacharsis se glissa jusqu'à la chambre de Pandrille, marchant sur la pointe des pieds et le cœur palpitant.

Maître Pandrille venait de se mettre au lit quand on gratta doucement à sa porte :

— Monsieur Pandrille, disait une voix émue et haletante, monsieur Pandrille, ouvrez-moi!

L'intendant sauta hors du lit, passa à la hâte une culotte, s'affubla d'une robe de chambre et ouvrit.

A la vue du jeune homme, il demeura stupéfait. Jamais M Charles-Anacharsis de la Barillère ne lui avait adressé la parole, son père lui ayant toujours recommandé de ne point se commettre avec la livrée.

— Vous aimez la comtesse ? demanda l'adolescent d'une voix haletante et entrecoupée ; eh bien! il faut la sauver...

— La sauver ! exclama Pandrille.

— Oui... la sauver... elle court un grand danger... Les Maltevert vont l'enlever.

Le timide jeune homme, qui n'osait ouvrir la bouche que sur un signe de son père, raconta alors en dix phrases, avec une éloquence nette, la scène de la salle à manger, et les cheveux du bon Pandrille se hérissèrent.

— Venez avec moi, dit-il en prenant ses pistolets.

Courir à la chambre de la comtesse, entrer, la trouver endormie, la secouer vainement pour l'éveiller, deviner l'emploi du narcotique et faire disparaître le diamant sans que l'adolescent y eût pris garde, fut pour Pandrille l'affaire de quelques secondes. Puis, aidé par son jeune auxiliaire, il transporta madame Durand endormie sur son lit, et dit alors au jeune homme, en lui mettant un pistolet à la main :

— Vous allez rester là, derrière cette porte, et m'attendre. Si un homme entrait, qui ne fût ni le commandant, ni Jean, vous feriez feu.

Et le jeune Anacharsis, qui n'avait jamais touché une épée, jamais fait sonner la voix d'un pistolet, que le seul mot de duel faisait frissonner naguère, devint brave par enchantement, tant l'amour a de puissance; il prit le pistolet des mains de Pandrille aussi tranquillement que si son vénérable père, M. le chevalier Arthur, lui eût tendu un livre de dévotion.

Alors le bon Pandrille, en dépit de son âge, courut à la chambre du commandant qui, tout chancelant encore, prit son épée et ses pistolets, se vêtit à la hâte et alla rejoindre Anacharsis; puis, en deux bonds, il atteignit la maisonnette du parc; et, tandis que Jean accourait, il éveilla successivement quatre ou cinq des plus vieux et des plus fidèles serviteurs de Montmorin, tous anciens soldats, lesquels décrochèrent à la vaste panoplie du manoir des mousquets et des épées rouillées; si bien qu'en moins d'un quart d'heure les défenseurs de la comtesse étaient armés de pied en cap et prêts à se faire tuer pour elle.

Donc, lorsque M. Bontemps de Saint-Christol, qui s'imaginait qu'il n'avait qu'à prendre la comtesse dans ses bras et l'emporter tranquillement jusqu'à sa chaise de poste, ouvrit les rideaux de l'alcôve, il recula frappé de stupeur...

Aux quatre angles du lit se tenaient Pandrille, Jean, M. de Verteuil et le jeune Anacharsis lui-même, transformé subitement en héros, tous l'épée et le pistolet au poing, menaçants et calmes, un fier sourire aux lèvres et défiant les ravisseurs.

XXI

Tandis que M. Bontemps reculait, le comte poussait un cri et s'apercevait alors qu'il était sans armes, tandis que son frère Raoul, oubliant qu'il avait déchargé ses pistolets, les armant sur-le-champ, ajustant Pandrille et pressait la détente.

Le silex seul jeta une étincelle, et Raoul laissa échapper une exclamation de rage.

— Voilà, lui cria Pandrille d'un ton railleur, le danger de porter des armes dans une atmosphère humide des souterrains.

— Mais tirez donc, cousin, tirez donc! criait Hector à Bontemps, ou rendez-moi mes pistolets.

M. Bontemps avait mis les pistolets dans la même poche que le coffret, et on eût pu croire que le géant n'avait reculé que parce qu'il oubliait les avoir en sa possession.

.. Erreur profonde! M. Bontemps était brave, mais il avait un gros bon sens, et il répondit, avec un flegme superbe, à Hector, pâle de colère et d'émotion :

— Ils sont quatre, cousin. Quand j'en aurai tué deux, les deux autres me tueront et vous assassineront à coups d'épée, après avoir planté une balle dans la tête à votre frère. C'est parfaitement inutile de brûler de la poudre en pure perte. La partie est perdue!

Et M. Bontemps de Saint-Christol, qui n'avait jamais prononcé une phrase aussi longue, s'arrêta essoufflé et alla tranquillement s'asseoir sur un canapé.

— Oh! lâche! lâche! hurla le comte Hector hors de lui. A moi, Franquepée, à moi!

Hector courut vers la porte; il voulut s'élancer dans le corridor et appeler les deux vieux gentilshommes à son aide; mais alors les rideaux des croisées s'agitèrent, laissant apparaître deux valets qui, le pistolet au poing, allèrent se placer devant la porte, lui coupant ainsi la retraite.

Les quatre gardiens de la comtesse étaient demeurés immobiles et muets toujours.

— Allons, messeigneurs! dit alors Pandrille, ce que vous avez de mieux à faire est de vous résigner. Madame la comtesse Durand n'ira point en Allemagne cette fois.

Hector était au milieu de la salle, les bras pendants, le regard atone et sans rayons, dans l'inerte attitude d'un homme foudroyé.

— Monsieur Bontemps, continua Pandrille qui prenait le ton impérieux d'un général en chef, puisque vos pistolets ne vous servent à rien, vous seriez bien aimable de me les remettre.

— Oh! bien volontiers, répondit le sire de Saint-Christol, pourvu que je conserve le coffret.

Et Bontemps tira le coffret de sa poche et regarda les deux frères :

— Après tout, dit-il. puisque nous avons le diamant, nous pouvons bien laisser la comtesse, et aller tout de même en Allemagne, où l'on arrose de si bon vin des poulardes fabuleuses.

M. Bontemps de Saint-Christol était gastronome en présence d'un canon de pistolet dirigé sur sa poitrine. C'était un homme des temps antiques.

— Ah! fit railleusement Pandrille, vous avez trouvé le coffret?

— Oui, fit Bontemps d'un signe.

Le digne homme, las de parler, en revenait à son clignement d'yeux.

— Eh bien, en ce cas, on peut ouvrir le testament sur l'heure.

— C'est cela! s'écria le géant ravi, ce qui fait que nous partirons après.

Et il posa les pistolets sur la cheminée, où un des laquais qui gardaient la porte vint les prendre.

— Il paraît, continua l'intendant, que MM. de Franquepée sont sur pied. Veuillez donc, monsieur Bontemps, les prévenir que nous allons ouvrir le testament sur-le-champ, et recommandez-leur de laisser leurs pistolets à la porte. Puis, vous éveillerez les autres cohéritiers. Un testament ouvert à trois heures du matin, ce sera original.

Les laquais s'écartèrent. M. Bontemps sortit et courut à l'aîné des Franquepée, placé comme un dieu Terme à la porte de Pandrille :

— Cousin, dit-il, le diamant est trouvé...

Ce mot produisit sur le digne gentilhomme l'effet de la foudre et rendit inutile la recommandation de l'intendant, car les armes lui tombèrent des mains.

— Entrez dans la chambre de la comtesse, poursuivit Bontemps qui devenait loquace, vous saurez tout.

Et comme l'aîné des Franquepée demeurait immobile, la bouche béante, il le prit par le bras, l'entraîna, et le poussa rudement dans la chambre à coucher de madame Durand, au milieu de laquelle le digne gentilhomme s'arrêta stupéfait.

— Monsieur le comte, lui dit Pandrille, MM. de Maltevert vous ont fait lever bien inutilement, je vous jure, et je puis même vous assurer que vous sortirez de Montmorin avant madame la comtesse.

Un sourire narquois du bonhomme accompagna ces paroles, tandis que le comte promenait autour de lui un regard égaré.

Cependant la voix formidable de M. Bontemps avait éveillé tous les échos du manoir :

— Cousins! cousins! criait-il, le diamant est trouvé, on va lire le testament.

Et chacun des cohéritiers se leva, accourut et jeta un cri de stupeur à la vue de la comtesse si bien gardée par ses défenseurs.

— Messieurs, dit alors Pandrille, je crois que madame la comtesse Durand, dont le sommeil est un peu lourd, va justifier le proverbe : Le bien vient en dormant!

XXII

Le digne intendant portait sur lui, nuit et jour, le testament de feu M. le commandeur. Après l'avoir retiré d'une poche secrète, il s'avança au milieu de la salle, armé du solennel parchemin, posa le testament sur une table, en rompit le triple cachet et lut :

« Moi, Charles-Albert, chevalier de Montmorin, des comtes de Maltevert, commandeur de l'ordre de Malte, avec la plénitude de mes facultés mentales, j'ai écrit le présent testament, nommant pour mon exécuteur testamentaire mon serviteur et mon ami Pandrille Bourdin.

« Messieurs mes cousins, parents et neveux, avant d'aller plus loin, permettez-moi de vous faire l'aveu d'une faute. De vains préjugés de naissance m'ont empêché de rendre public mon mariage avec Rose Guillaumier et de reconnaître, ma vie durant, pour mes enfants légitimes, Jean-Albert, chevalier de Montmorin, mon fils, et Marguerite Rose de Montmorin, ma fille. Je désire qu'ils soient reconnus pour tels après ma mort. »

Pandrille s'arrêta et regarda MM. les cohéritiers... ils étaient pâles et muets d'indignation.

« Cela fait, continua le lecteur, laissez-moi, chers cousins, parents et neveux, vous rappeler l'excellent accueil que vous me fîtes à mon retour de Malte et vous en remercier bien sincèrement. »

Les cohéritiers se regardèrent avec terreur.

« Je lègue, continuait le testateur par la bouche de Pandrille, le manoir de Montmorin et ses dépendances à mon fils Jean de Montmorin, à la charge par lui d'épouser madame la comtesse Durand, ma nièce, ou de partager avec elle, si ce mariage ne pouvait avoir lieu.

« Je lègue à ma fille, mademoiselle Marguerite-Rose de Montmorin, une dot de cent mille écus.

« A mes chers neveux Hector et Raoul de Maltevert la bénédiction du gentilhomme pauvre qu'ils chassèrent honteusement de la maison paternelle, à Paris, il y a vingt ans.

« A mon cousin le marquis de Nosrhéac, qui est fort épris de sa personne et cherche depuis longtemps à oublier qu'il a dépassé la cinquantaine, une boîte d'une essence merveilleuse que j'ai rapportée d'Orient et qui a la vertu de rajeunir.

« A MM. de Franquepée, mes parents, qui prisent fort le blason, une grammaire héraldique avec planches coloriées.

« A M. le chevalier Arthur de la Barillère, qui est un jurisconsulte émérite, et qui avait proposé de me faire interdire comme insensé, un ouvrage de jurisprudence qu'il trouvera dans un coin de ma bibliothèque.

« A son fils Charles Anacharsis, qui est un bon et honnête jeune homme, dix mille livres de rente à prendre sur ma succession.

« Je lègue enfin, à M. Bontemps de Saint-Christol, vingt bouteilles de vin de Constance, et je charge mon exécuteur testamentaire de lui servir annuellement une rente en comestibles, consistant en deux jambons de Bayonne, une feuillette de Clos-Vougeot et un pâté de foie gras de Strasbourg.

« Je lègue, en outre, sur ma succession, douze cents livres de rente à chacun de mes serviteurs, et mille écus à mon ami Pandrille.

« Fait à Montmorin, le... février 18...

« CHEVALIER DE MONTMORIN. »

Pandrille jeta alors un clair regard plein d'ironie sur les cohéritiers consternés. Un seul pleurait avec attendrissement et murmurait :

— Après tout, notre cousin avait du bon !...

Celui-là, on le devine, c'était messire Bontemps de Saint-Christol, qui avait l'estomac reconnaissant, et se consolait de la perte de l'héritage en palpant dans sa poche le fameux coffret.

— Ouvrez les portes à ces messieurs, ordonna Pandrille aux laquais; il est bien juste qu'ils aillent reprendre leur somme interrompu, vraiment, pour bien peu de chose...

La porte s'ouvrit, et les cohéritiers indignés sortirent, à l'exception du comte Hector, de Bontemps et de Raoul qui ne quittait pas le géant d'un pas.

Hector avait l'attitude d'un homme sur la tête duquel le ciel vient de s'écrouler. La comtesse était perdue pour lui !

Raoul rêvait au moyen de se débarrasser de Bontemps.

Quant à Bontemps, il plaça le coffret sur la table et dit à Pandrille :

— J'ai essayé de le briser, je n'ai pas pu ; je voudrais cependant l'ouvrir.

— C'est facile, répondit Pandrille en tirant une clef de sa poche et la lui tendant.

Bontemps poussa un cri de joie, Raoul s'élança vers le coffret. Hector lui-même, dominant enfin sa prostration, s'approcha de la table.

Le coffret fut ouvert, et alors, aux yeux avides de ses trois possesseurs, apparut cette pierre de strass que Pandrille avait mise à la place du véritable diamant.

— Oh ! qu'il est gros ! murmura Bontemps, qui était un béotien en matière de pierres fines.

Mais Raoul s'écria avec l'accent du désespoir :

— C'est du strass !

Et les deux frères, sous les pieds de qui tout s'écroulait à la fois, chancelèrent étourdis comme des hommes saisis de vertige, et se dirigèrent vers la porte, le front courbé, la rage et la mort dans l'âme...

Mais alors un homme se plaça, menaçant, avec un superbe et hautain sourire aux lèvres, devant le comte Hector et lui dit :

— Hier, Monsieur, vous avez refusé de vous battre avec Jean le bâtard ; mais aujourd'hui, j'imagine, vous ferez bien cet honneur au chevalier Jean de Montmorin.

— Ah ! s'écria le comte, qui rugit soudain comme un lion blessé à mort qui parvient à atteindre son ennemi et s'apprête à le déchirer avant de rendre le dernier soupir, ah ! tout n'est donc point perdu, et je vais donc enfin me venger !

— Venez donc alors, lui dit le jeune homme en jetant à ses pieds sa propre épée, et arrachant la sienne à M. de Verteuil, venez !

Et ces deux hommes, ivres du sang l'un de l'autre, s'élancèrent dans le parc, où déjà glissaient les premiers rayons du matin : le premier suivi par le vieil intendant, le second par son frère ; là, ils mirent l'épée à la main et fondirent l'un sur l'autre en poussant un cri de fureur.

XXIII

Lorsque madame la comtesse Durand sortit enfin de son léthargique sommeil, deux hommes étaient à son chevet.

L'un, M. le commandant de Verteuil, lui disait en lui remettant le vrai diamant :

— Madame la comtesse, M. le chevalier Jean de Montmorin m'a chargé de vous demander votre main.

L'autre lui dit avec tristesse :

— Madame, il y a ici près un homme qui se meurt et qui implore votre pardon à sa dernière heure.

Et Pandrille conduisit la comtesse au chevet d'Hector de Maltevert, mortellement atteint d'un coup d'épée en pleine poitrine, au chevet duquel pleurait, agenouillé, son frère Raoul, tandis que Jean tenait dans ses mains la main tremblante de sa victime.

La comtesse se pencha sur le moribond, lui mit au front le baiser suprême de la réconciliation, et lui dit :

— Mourez en paix, mon cousin, je vous pardonne...

Puis elle tira le diamant de son sein et le tendit à Raoul :

— Tenez, dit-elle, je sais le secret de votre cœur... Vous le lui porterez. Nous sommes assez riches, Jean et moi.

XXIV

Deux jours après, M. le comte Hector de Maltevert reposait dans le cimetière de Montmorin ; Raoul partait, le cœur navré, pour l'Allemagne, où il portait ce diamant acheté au prix de la vie de son frère ; le dernier des cohéritiers avait quitté Montmorin, où il était venu chercher une amère déception.

Un mois plus tard, dans la chapelle du château, un prêtre célébrait le double mariage de M. le chevalier Jean de Montmorin avec madame la comtesse Durand, et de M. le commandant Oscar de Verteuil avec mademoiselle Marguerite-Rose de Montmorin.

En sortant de la messe nuptiale, le bon Pandrille, qui avait pleuré d'attendrissement, s'approcha de son maître et lui dit :

— Feu le commandeur votre père a eu tort, monseigneur, de me faire des rentes, car je veux demeurer votre intendant.

— Soit, répondit Jean, mais mon intendant et mon ami.

Paris. — Typ. Tolmer et Isidor Joseph, 43, rue du Four-Saint-Germain.